## Introduction

ピッチャーでも、オーバースローとアンダースローでバッターを打ち取る可能性に違いはなくても、絶対的な球速はアンダースローの方が遅くなります。この特性を分かった上で投げ方をチョイスしています。

バッティングでも同様に、それぞれのスイングには向き不向きがあります。ゴロを打つには縦振りは不向き、ホームランを打つにはレベルスイングは不向きです。

ただし、MLBのフ
を見てもわかるように、
ングでは差し込まれるイ
ールでも、縦めにバット
テボテのゴロにはなりま

打球の当たり方などの物
件を理解した上で、どんな
を身につけるかは本人の自
くまでもこのスイングはボールを打つための方法論の一つとして考えていただければと思います。

CONTENTS

## Part 3 縦振りスイングをスムーズに修得できる! 根鈴式スイングドリル

# CONTENTS

Part 4

最強スラッガーを目指せ！

## 最大パワーを発揮するための 根鈴流 筋力トレーニング …… 117

# Part 1

# MLBのスタンダード縦振りスイングって何だ!?

01

何十年も引き継がれる日本の迷信

# 「ゴロを打てば何かが起きる!?」レベルが上がれば何も起こらない

アメリカの野球指導者たちがよく口にするのは「日本人の打ち方は特殊で、誰を見ても同じスイングをする」ということです。それは、日本では子どもの頃からそのような打ち方を教え込まれているからです。

「上から叩きつけろ」「シャープなスイング」などと指導されてきたため、横から見たときに、ボールの軌道に合わせたバット軌道になるスイングが多いようです。

「ゴロを打てば何かが起きる」

昔からよく耳にする言葉です。ボールがイレギュラーして野手がエラーする、送球が乱れてセーフになる、などの予期せぬことが起こり得る可能性を言いたいのだと思います。

確かに少年野球などでは、そのようなことが起こることが多いのかもしれません。しかし、成長して守備レベルが上がればただアウト数が増えるだけで何も起こらないのが現実です。

さらに、幼少期から一つの型にはまったスイングを身につけることで、体の使い方や感覚が体に染み込んで、いざ別のスイングを修得しようとしても難しくなります。スポーツ科学は日々、進歩しています。また、野球技術に関しても、そのトレンドは時代とともに変わります。だからこそ、不変的に対応できるバッティング技術を身につけておくことが大切なのです。

# 「MLBで活躍したい!」、「ホームラン王になりたい!」
# そんな夢を持ち続けられるバッティング技術を身につけよう

野球を始めた頃は、誰もが「ホームランを打ちたい」、もしくはピッチャーであれば「160km/hの豪速球を投げたい」などと思っているはずです。その夢を持ち続けた人がMLBやNPBのトップ選手として活躍できるのです。

そのためには、気持ちを持ち続けることも大切ですが、高いレベルに通用する技術や体を手に入れなければなりません。子どもの頃からゴロ打ちのスイングを身につけ、そのスイングが体に染み込んでしまうと、スイングとはこのようなものという概念ができ上がってしまいます。そうなってから、慣れ親しんだスイングを180度覆すのは非常に難しくなります。

つまり、一流のスラッガーになってホームランを打ちたい子どもに対して、ゴロ打ちの名手になる反復練習は不要なのです。

**従来の横振りスイングでのインパクト**

ミートポイントでジャストミートできればホームランも打てるが、ポイントがズレるとゴロになることが多い

02

最近よく耳にする「フライ革命」の勘違い

# 正しいイメージをつかむには「ライナーボール革命」と考えよう!

2010年代半ばくらいからMLBで耳にすることが多くなった言葉に「Flyball Revolution」というものがあります。日本でも「フライボール革命」として周知のものとなりつつあります。その内容としては「ゴロよりフライを打った方がヒットになる確率が高くなる」というものです。

しかし、この言葉には大きな落とし穴があります。日本でフライというと、誰もが高く上がるボールをイメージすることでしょう。「高く上がったフライで安打率が上がるとはとても考えられない」ということで、最初から受け入れられない指導者が多いのも納得です。

直訳すると確かに「フライボール」で間違いありませんが、弾丸ライナーのような強いボールも英語では「フライ」と呼んでいます。正しいイメージをつかむためには「ライナーボール革命」と言い換えた方がいいかもしれません。つまり、イメージするのはライナー性の打球。その延長にホームランがあるのです。

そもそもMLBで参考とされたデータでは、25～35度の角度で打った打球がホームランになる確率が高いというものです。長打率が高くなる打球角度をバレルゾーンと呼び、打球速度が速くなることでバレルゾーンが広がると考えられています。最近、MLBではバレルゾーンを指標の一つとして評価するようになり、耳にする機会も多くなりました。

## もっとも偶然に左右されないのがホームラン

ゴロを打てば、バウンドのイレギュラーや野手がボディバランスを崩すなど、偶発的なことが起こる可能性があります。それはライナー性の打球にも同じことが言えます。しかし、柵を越えるボールに対して、このような偶然は起こりません。

私がアメリカにいた頃に「もし、野球がバッターボックスからボールを投げる競技であれば、どこに投げる」とコーチに聞かれたときに、肩に自信のあった私はスタンドを指差して「外野の奥に投げる」と答えました。すると「逆風でそこまで届かない場合は?」と聞かれ、「外野の間にライナーを投げる」と答えるとコーチは深く頷きました。

つまり、ヒットを打ちたいならライナーを打てばいい、その延長にホームランがあるということです。どんなに鋭いゴロを打っても、その先にホームランはないことを覚えておきましょう。

## 長打率が高まるバレルゾーンは打球速度で決まる

打球速度（初速）によって長打率が高まる打球角度の範囲「バレルゾーン」が決まります。バレルゾーンは158km/hから現れ、その時の打球角度は26～30°です。そして、打球速度が上がるにつれ、バレルゾーンの幅が大きくなるので、長打になりやすくなります。

そして、各打者において打球がバレルゾーンに入った割合（Barrel%）とホームラン数や長打数が比例していることからMLBの新たな指標となっています。

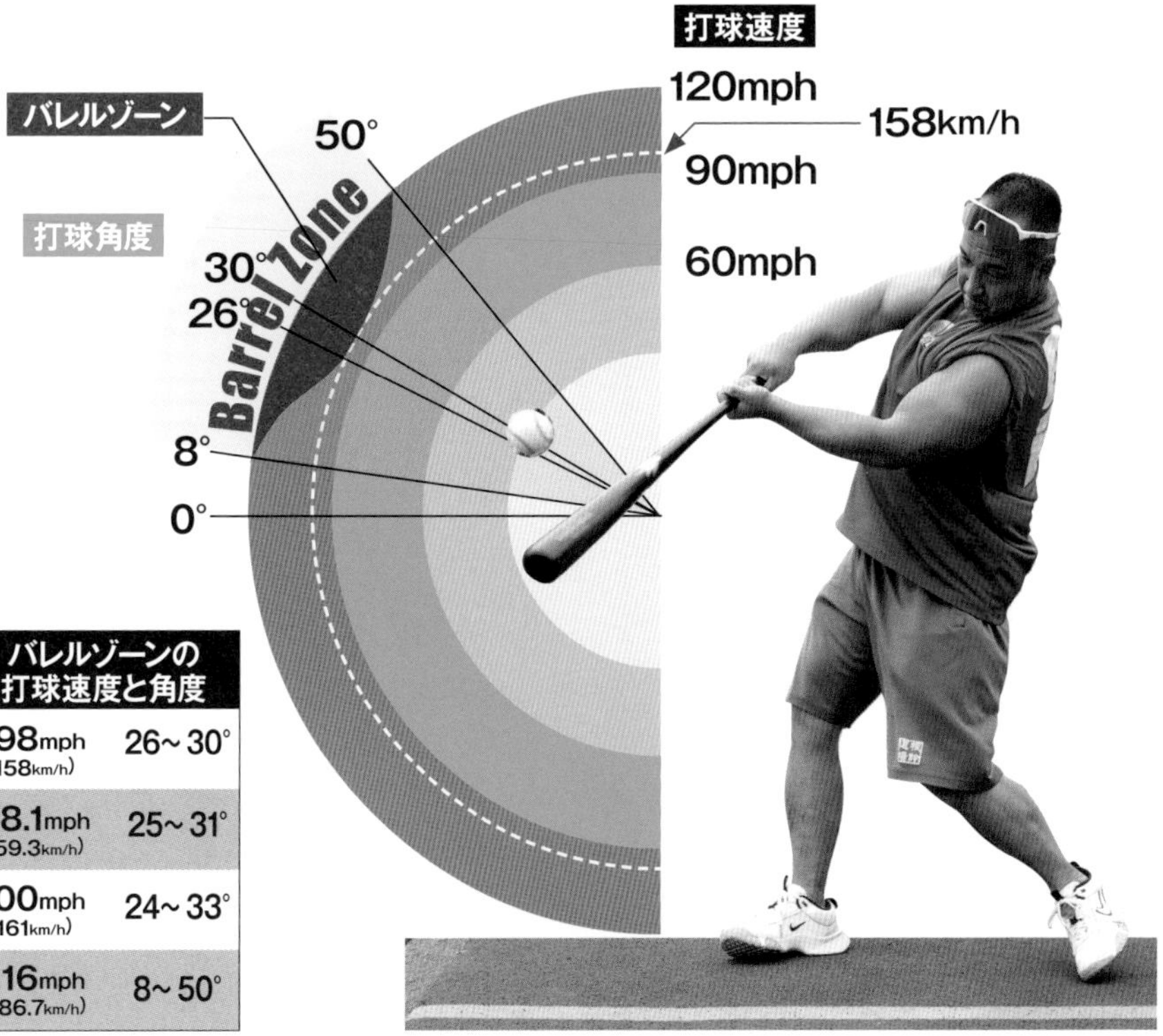


**バレルゾーンの打球速度と角度**

| | |
|---|---|
| 98mph (158km/h) | 26～30° |
| 98.1mph (159.3km/h) | 25～31° |
| 100mph (161km/h) | 24～33° |
| 116mph (186.7km/h) | 8～50° |

03

「フライ」がもたらすもう一つの勘違い

# 「縦振り＝アッパースイング」をのイメージを払拭しよう!

高いフライを打つイメージを持ってしまうと、誰もが「縦振り=アッパースイング」と考えてしまうことでしょう。一般的なアッパースイングとは、横から見たバット軌道が上向きになるスイングです。そんなスイングでは、ゴロを打つときのレベルスイングに比べてもミート率は下がってしまいます。

しかし、本書で解説する「縦振り」は一般的にアッパースイングと呼ばれるものとは大きく異なります。

アッパースイングでは、バットが上に振り上がるときにボールに当たるアッパーブローのインパクトになります。それに対して本書で推奨する「縦振り」では、インパクトはダウンブローになります。ボールに対してダウンブロー気味にバットが入り、前に押し出すイメージになります。

「ボールをバットで打つ」イメージを表すときに、日本人の多くは横振りのスイングでボールの横を叩くゼスチャーをします。しかし、MLB選手の多くは、バットを立ててボールを下から捉えるポーズをするのです。日本人にとっては、むしろゴルフスイングに近い感覚です。つまり、これがバットを縦に振るイメージなのです。

スイングを変えることで、体の使い方、スイング動作に動員される筋肉、ミートゾーンなどにも大きく影響します。正しい体の使い方を身につけましょう。

ありがちな勘違い

## アッパースイングと「縦振り」は大きく異なる

「縦振り」と聞くと、アッパースイングに似たスイングをイメージする人が多く見られます。しかし、本書で紹介する「縦振り」とアッパースイングは全く異なるものです。アッパースイングの体の使い方は、むしろレベルスイングに近く、レベルスイングの体の軸を倒したスイングと言った方がいいでしょう。

### ●アッパースイングのインパクト軌道

一般的にアッパースイングと呼ばれているのは、レベルスイングと似た体の使い方でインパクトに向けたスイング軌道がアッパーブローになっているスイング。

レベルスイング

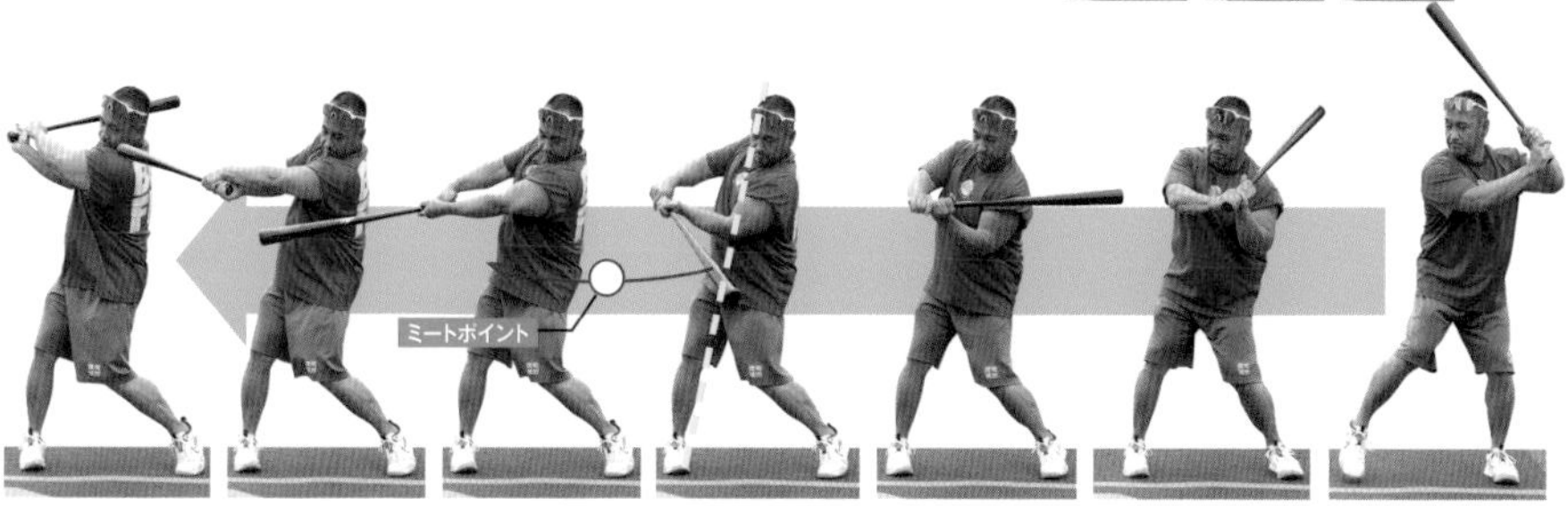


### ●縦振りのインパクト軌道

バットを縦に使ったスイングでは、ヘッドがスイングの最下点を通過する前にボールに当たるダウンブローのインパクトになる。それに伴って、体の使い方もアッパースイングとは大きく異なったスイングになる。

04

「縦振り」では重力がスイングの味方になる

# バットの重さを使えるから安定したスイングが楽にできる

長い間にわたって日本で主流になっているのは、バットを横に振るスイングです（本書では「レベルスイング」と表記）。つまり、地面と平行に近い軌道でバットが移動するスイングです。言い換えると、自分の筋力を使ってスイングを始動するスイングです。

それに対して、縦振りのスイングの始動は「上にあるものが下に落ちる」という自然の摂理に逆らわないシンプルなものです。バットの重さを利用してスイングできるから軌道が安定します。

レベルスイングでは、体にタメをつくり、後ろから前への重心移動とともにタメを解放、インパクトに向けたリストターンなどを使ってスイングを一気に加速させます。つまり、ミートポイントをスイングのピークとして、一気にスイングを加速させて行きます。

それに対して、重力を利用した縦のスイングでは、より楽に自然に加速することができます。

これは、決して力をゆるめるとか筋力が不要ということではありません。力をゆるめればヘッドが垂れる、筋力がなければインパクトでボールの勢いに負けてしまいます。しかし、つねに重力と異なる軌道で自分の筋力と体の使い方に頼ったスイングよりも、基準となる重力を使ったスイングの方が安定性が高まるということです。

## 日本vsアメリカ　インパクトイメージの違い

バットでボールを打つイメージを伝えるときに、日本では多くの人がバットを寝かせてボールを横から叩くようなゼスチャーをします。

一方、アメリカで同様の質問をすると、誰もがバットを立てて、あたかもゴルフのインパクトのような表現をします。

これはスイングイメージの違いからくるものです。バットを縦に振るイメージでは「バットの重さ」を利用した始動で、バットの重みから得られる遠心力を使ったスイングになります。重力に逆らって腕の力などでバットをコントロールしないぶん、力みなどが入って軌道がブレるリスクも低くなります。

## 重力に逆らわないからミート率が高くなる

縦振りは重力を使ったスイングであると同時にバットを面で使うため、多少タイミングが合わずにバットの芯を外してもミートできるのがメリットです。打球が上下左右にズレる可能性があるレベルスイングよりも高いミート率が可能になります。

縦振りであれば、多少バットの芯を外してもライナー性の打球を打てる

レベルスイングの場合、前でボールを捉えたとしても、ボールの上や下を叩いてしまうリスクが大きい

NG ボールの下を叩く

下を叩けばポップフライになる

NG ボールの上を叩く

上を叩けばボテボテのゴロになる

05

バットの面にボールを乗せる

# 「点」でなく「面」で捕えるから
# ミート率が高くなる!!

ここではインパクトについて考えていきましょう。ボールを横から打つレベルスイングでは、インパクトは「点」のイメージになります。

そして、横から見てボールの中心を捉えればライナー、下を叩けばフライになり、上を叩けばゴロになります。

しかし、野球ではつねにピッチャーが主導権を握っています。投げるコース、スピード、さらには変化球も投げてくるのです。球種やコースを予測して点で捉えるのは不可能に近いことです。

もし、バットをテニスラケットに持ち替えたらどうでしょう？ バットでは空振りするようなボールでも、面に当てることができるのではないでしょうか。ラケットの面を作ってスイートスポットと呼ばれるエリアに当たればライナーかフライになります。これをバットのバレルゾーン（芯）に置き換えたのが「縦振り」のスイングなのです。

テニスで考えたときに、相手コートにボールを返すためには、インパクトのラケット面の向きが重要になります。もし、面が下を向いてしまえば、ボールを打ち返せないか、打ち返せたとしてもゴロになってしまうでしょう。これは、バッティングでも同じです。できるだけバットの面を広くして、面を被せずにミートすることが大切です。

# ボールを「バットの面」で捉える

## バットをラケット面のイメージで使う

バットを面で使うことでミート率が高くなる

## 左右にズレてもファールになるだけ

左右にズレても打球方向が変わったり、ファールになるだけで空振りするリスクは低い

## NG 点のインパクト

リストターンでは1点のインパクトでミート率が低い

06

「フライ」がもたらすさらなる勘違い

# フライを打つために **ボールの下**を打つ**必要はない**

フライボールと聞くと、ボールにバックスピンがかかり、高く上がるイメージを持つ人も多いでしょう。しかし、これがライナーであったらどうでしょう?

確かにボールの中心より下を叩けばフライにはなりますが、その場合ボールにはバックスピンがかかります。強いバックスピンがかかってしまうと、空気抵抗が大きくなって高く上がりすぎてしまいます。これは、バットを横に振る前提で考えられた理論です。

例えば、テニスのラケットではどうでしょう。ラケットの面が上を向いていればボールは上向きに跳ね返るはずです。もし、ラケット面が地面と垂直で水平にスイングしたならば相手コートに打ち返せないことでしょう。

これは、バッティングでも同じです。バットの面が上を向いていれば、必然的にライナーやフライを打つことができます。左右にズレれば打球方向が左右に変わるだけです。つまり、ボールの下を狙って打つのではなく、単純にボールの中心をバットの芯で捉える意識でスイングすればいいのです。もし、打球に強いトップスピンがかかって鋭いライナーになっても、それが野手の間を抜ければいいのです。

このように考えることで、絶対に前でミートしなければならないという呪縛からくるプレッシャーからも解放されて、バッティングがよりシンプルなものになることでしょう。

## バットの面が上に向けばボールは上がる

ラケットの面と同様に「バットの面」を意識することが大切です。ラケットであれば、子どもでも前方に打ち返すときに自然に面を上に向けるはず。これをバットでも行うことで、バッティングがもっとシンプルなものになります。

### NG ボールの下を打つ

レベルスイングでボールの下をインパクトするとボールにバックスピンがかかって高く上がりすぎる

## 「縦振り」ならばどのコースでも「上向きの面」で対応できる

「縦振り」では、腕の使い方を変えればどんなコースに投げられたボールに対しても上向きの面を作ってスイングすることができます。また、タイミングをズラされたときでもミートできるメリットがあります。

### 多少タイミングが遅れてもミートできる

バットの面ができているので、差し込まれてもバットの芯でボールを捉えることができる

### NG リストターンすると面が消える

インパクトに向けたリストターンでヘッドを走らせると、投球に対するバットの面が一瞬で消える

07

バッターに与えられたスイング時間はわずか0.2秒

# 1点のミートポイントではなく「ミートゾーン」として考える

スイングを変えることで、体の使い方やミートゾーンが変わります。バットを握るときに上になる手をトップハンド、下になる手をボトムハンドと呼びます。つまり、左打ちであれば、左手がトップハンド、右手がボトムハンドです。

レベルスイングの場合はスイングをリードするのがボトムハンドになるため、トップハンドで打つ縦振りのスイングよりもミートポイントがピッチャー寄りになるのです。そのぶん、バッターに与えられるスイングを行う時間は短くなるということです。

ピッチャーマウンドからホームベースまでの距離は18・４４ｍ。実際はピッチャーのリリースポイントがマウンドよりさらに手前になるため、ベースまでの距離はもっと短くなります。リリースからホームベースに届くまでの時間は約０・４秒です。さらに、脳がコースや球種を判断するのに約０・２秒かかります。つまり、バッターに与えられたスイング時間は約０・２秒。そのなかで、ミートポイントが前になるか、後ろになるかは非常に大きな問題です。

ミートポイントを前にとると、その1点でしかボールを捉えられません。しかし、最初のミートポイントを後ろに置くことで、タイミングをズラす変化球に対してはミートポイントを前にすることで対応できます。つまり、ミートポイントでなく「ミートゾーン」の概念になるのです。

## 球速とバッターの反応時間

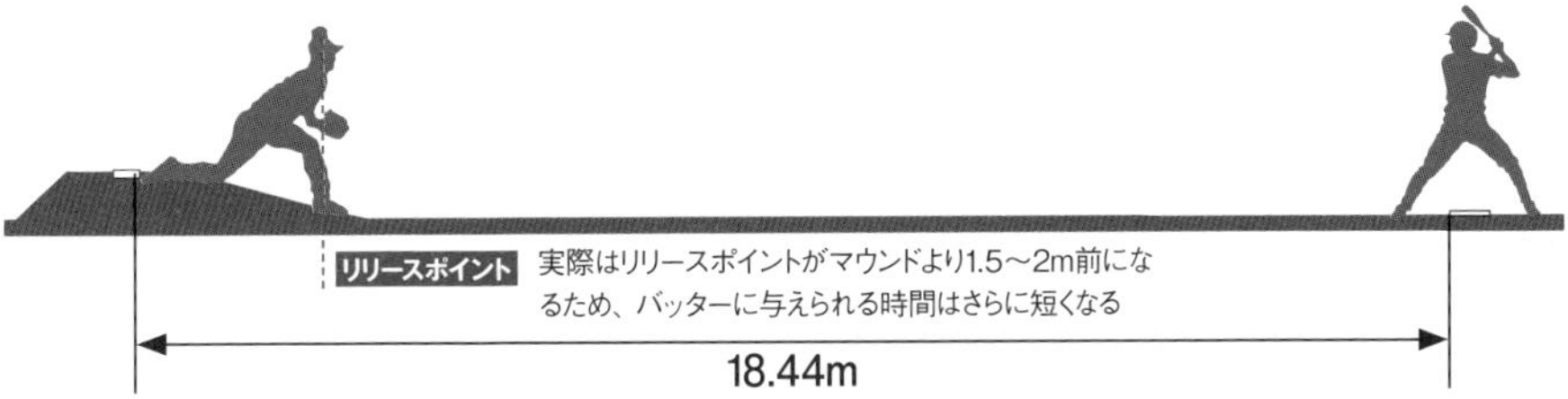
リリースポイント
実際はリリースポイントがマウンドより1.5～2m前になるため、バッターに与えられる時間はさらに短くなる
18.44m

マウンドからホームベースまでの距離は18.44m。並進動作や腕の長さを考えると実際のリリースポイントはもっと前になります。バッターが球種やコースを判断するのに約0.2秒かかるとすると、スイングで使える時間はごくわずかになる。この短時間で反応するため、ミートポイントに向けたスイングでは、少しでも予測と異なることが起こると対応できなくなります。

| 球速 | 到達時間 | スイング時間 |
|---|---|---|
| 100km/h | 約0.66秒 | 約0.46秒 |
| 120km/h | 約0.55秒 | 約0.35秒 |
| 150km/h | 約0.44秒 | 約0.24秒 |
| 160km/h | 約0.41秒 | 約0.21秒 |

※到達時間は初速から計算

## ミートポイントとミートゾーン

リストターンをするスイングでは、投球方向に対する「バットの面」が一瞬で消えてしまうため、ボールにミートする場所が点（ミートポイント）になってしまいます。

それに対して「縦振り」では、体の正面でのバットの面が維持されるため、ボールを捉えることができる位置が広くなるぶん、ミートポイントではなく「ミートゾーン」という概念で考えることができます。

●ミートポイント

●ミートゾーン

# 08

ストライクの概念を変えればミート率が高くなる

# ストライクゾーンを平面でなく **立体的**に考える

ボールを前で捉えて気持ちよくパチーンと打てれば、それに越したことはありません。しかし、実際の試合では、ロングティーの練習とは異なり、ボールは動いています。さらにピッチャーが投げてくるコース、スピード、球種などはわかりません。つまり、確実に前のミートポイントで打つことは到底不可能なのです。そこで必要になるのが、多少、差し込まれても打てる技術です。

「縦振り」を身につけるに当たって大切なのが、今までのストライクゾーンの概念を変えることです。つまり、ストライクゾーンを立体的にとらえる必要があります。

それぞれのコースにおいて、もっとも気持ちよくインパクトできるのは前のポイントであるのは変わりませんが、バットを面で使うことができれば、多少差し込まれてもミートできます。つまり、ミートポイントの概念を捨てて、「ミートゾーン」として考えることができるようになります。

ミートポイントが踏み込み足より前にあるレベルスイングでは、インパクトで上、下、左右の3方向にブレる可能性があり、差し込まれたときにフェアゾーンに打ち返しにくいというデメリットがあります。つまり、多少タイミングを外されても、後ろのゾーンでボールを捉えるには「縦振り」の方が適しているのです。

# ストライクゾーンを立体的に考えれば ミートポイントではなくミートゾーンの概念が生まれる

ストライクゾーンと聞くと、バッターをピッチャー側から見たホームベース上の長方形のエリアを想像する人が多いと思います。

しかし、実際は奥行きがあるため平面ではなく3Dで考える必要があります。踏み込み足の前のミートポイントだけに意識があると、少し差し込まれたり、ストライクゾーンの外から入ってくる変化球に対応できなくなってしまいます。これらのボールに対応するためには、ストライクゾーンを立体的にイメージすることが大切です。それによって、ミートできる位置も1点のミートポイントではなく、ある程度の幅を持った「ミートゾーン」の概念を持つことができます。

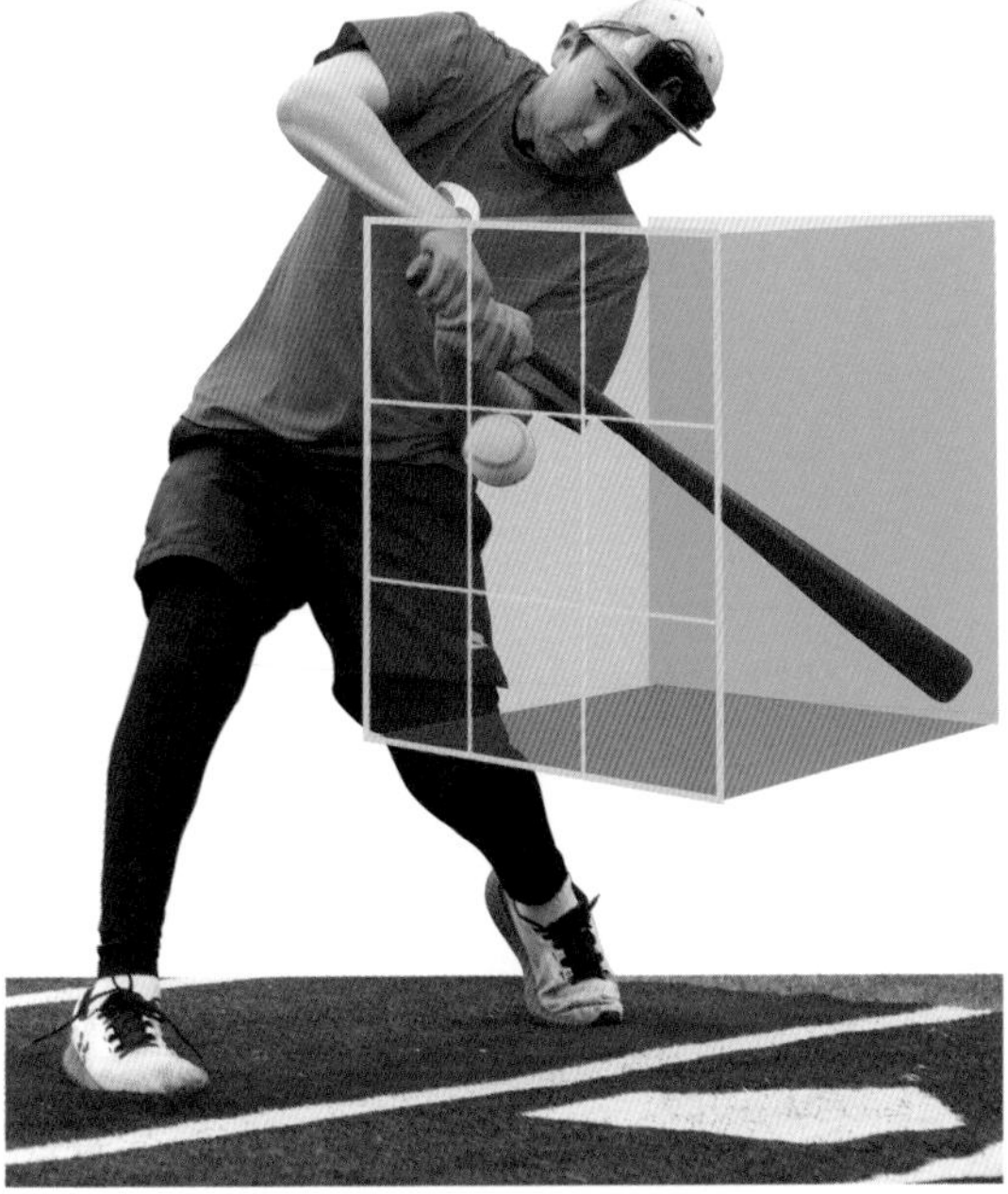

正面から見たストライクゾーン

よく見るストライクゾーンの表現。しかし、実際は平面でなく奥行きも考えなければならない

横から見た立体的な
ストライクゾーンとミートゾーン

ストライクゾーンに奥行きを持たせることで、差し込まれたボールにもミートできる

平面的なストライクゾーンとミートポイント

ストライクゾーンを平面的にとらえると平面上の1点のミートポイントに向けたスイングになるため、ミート率が低くなる

# 09

様々な球種に対応できるようになる！

# ピッチャーゾーンではなく
# **バッターゾーン**で待つことが大切

プロに限らず、どのカテゴリーにおいても「速いな」と感じるピッチャーはいるはずです。そこで「空振りをしたくない」「詰まらせたくない」という気持ちが強くなるとミートポイントを前に置きがちです。そうなってしまうと、ほぼピッチャーの術中にはまったようなものです。まれにジャストミートできることがあったとしても十中八九凡打に終わることでしょう。

さらに、アメリカではアウトコースのストライクゾーンが広くとられるため、これをピッチャーゾーンで捉えることはほぼ不可能と言っていいでしょう。もちろん、日本にもアウトコースを広くとる審判がいるわけですから、ここに投げ込まれるストレートに対応できなければなりません。

アウトコースのストレートをバッターゾーンで捉える準備をしておくことで、近年主流になっているカットボールに代表される手もとで小さく変化するストレート系の変化球や、ストライクゾーン外に変化するボールにも対応できるようになります。

それ以外にも、全くデータのないピッチャーと対峙するときなどは、もっとも速いストレートをバッターゾーンで捉える準備をしておくことで他の変化球や、際どいコースに投げられたボールにも対応できるようになるはずです。

## ピッチャーゾーンとバッターゾーン

ミートポイントは「ヘソの前」や「踏み出した足の前」など諸説ありますが、私はボールを1点で捉えることは不可能だと思っています。そこで、踏み出した足を基点にピッチャー寄りを「ピッチャーゾーン」、キャッチャー寄りを「バッターゾーン」という概念で考えてみましょう。

トップハンド側のひじ（左利きの場合は左ひじ）が伸び切る手前のピッチャーゾーンでボールを捉えることができれば遠心力が最大になり、もっともボールが飛ぶことでしょう。しかし、ピッチャーのレベルが高くなるほど、ここでボールを捉えるのは難しくなります。

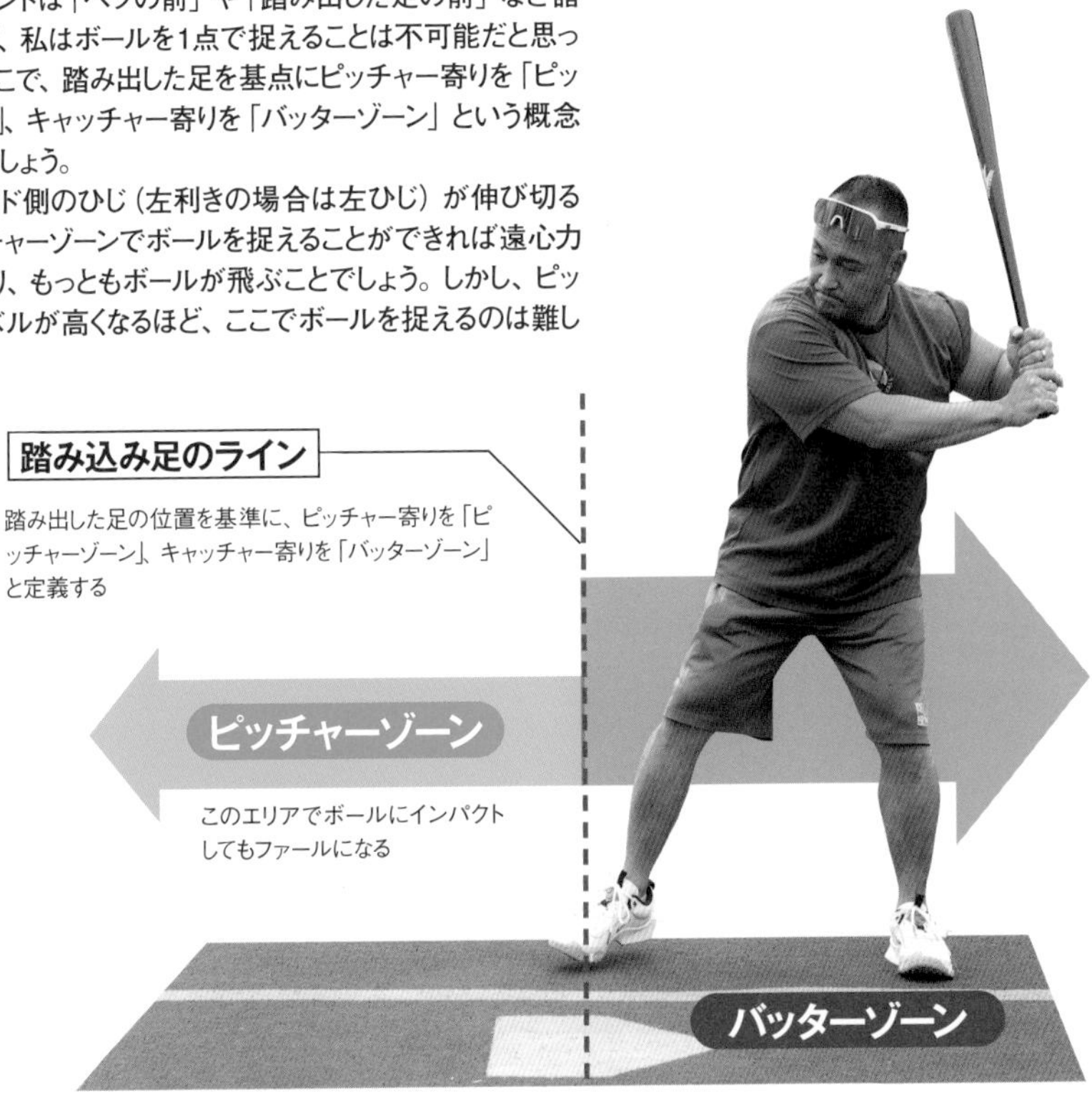
踏み込み足のライン
踏み出した足の位置を基準に、ピッチャー寄りを「ピッチャーゾーン」、キャッチャー寄りを「バッターゾーン」と定義する
ピッチャーゾーン
このエリアでボールにインパクトしてもファールになる
バッターゾーン

### 腕が伸び切る前にバッターゾーンでボールを芯で捉える

スイングが加速する腕が伸び切る手前のバッターゾーンでボールにミートさせましょう。もっとも気持ちよく打てるポイントはコースによって異なりますが、バッターゾーンでボールを芯で捉える意識でスイングすることが大切です。

10

日本とアメリカでここまで違う！

# 「ボールを前で捉える」理想は同じ。正しい「前」の概念を知っておこう

バットのヘッドスピードがもっとも速くなるポイント、つまりボールを「前」で捉えることで、スイングの力をもっとも効率よくボールに伝えられるのは、従来のスイングでも縦振りでも同じです。しかし、日本とアメリカでは「前」の位置が大きく異なります。

日本で多く見られるレベルスイングでは、踏み込み足に重心を移動させ、体の側面にカベをつくってリストターンします。そのため、ミートポイントは踏み込んだ足よりもピッチャー寄りになります。

日本では「前で打て」という言葉をよく耳にしますが、それはＭＬＢのスタンダードとも言える縦振りの「前」と比較すると約40㎝前の位置になります。

「縦振り」はレベルスイングと比べると、ボールを捉えるポイントが後ろにある「レイトスイング」ということができます。縦振りでもボールを飛ばすためのポイントは前ではあるものの、日本ほど前ではありません。

これは、練習でロングティーを置く位置を見ても一目瞭然です。縦振りの方が明らかにボールを打つゾーンが深いことがわかります。そして、レベルスイングでは少しでもタイミングが遅れるとミートできなくなってしまうのも事実です。つまり、日ごろから前でしか打てない打ち方の練習をしていることになります。

# 日本とアメリカ における「前」の概念の違い

ティーバッティングを行う際にティーを置く位置を踏み込み足(右足)よりもかなりピッチャー寄りにセットする。リストターンしてもっとも気持ちよくボールを叩けるのがこのポジションになる

アメリカの「前」で打つ感覚は、踏み込み足よりも少し前方になる辺り。日本のティーの位置と比べると約40cmキャッチャー寄りのポジションになる

11

「スイングスピード=打球速度」とは限らない！

# 瞬間的なスイングスピードでなくミートゾーンでの**平均速度**

バレルゾーン（13ページ参照）を基準に考えると、打球速度が速いほど長打率が高まります。しかし、スイングスピードが速ければ打球速度も上がるとは限りません。もちろん、速いスイングスピードでボールを正面で捉えることができれば打球速度は最速になります。

しかし、ピークの一瞬だけスイングスピードが最速になるスイングでは、そのピークでインパクトしなければなりません。つまり、ピッチャーのレベルが高くなるにつれて、ジャストミートはほぼ不可能に近づいていくのです。

言い換えると、インパクトに向けてリストターンを行うスイングでは、一瞬のヘッドスピードを出すことはできますが、その前後でのスピードはそれほど出ていないということです。さらに、ミートポイントの手前のバットの向きを考えると、到底、実戦で使えるものではありません。

では、どんなスイングが望ましいのでしょうか?

スイングを開始してミートゾーン前後の平均スピードが速いスイングです。スイングスピードが一瞬、時速150㎞になったとしても、使えるのは1点だけです。つまり、ミートゾーンでの平均時速が120〜130㎞あれば十分なのです。ボールを捉えることができるミートゾーンを長く保ち、そのエリア全体におけるスイングの平均速度を高める意識を持つことが大切です。

# スイングスピードとミート率

よく耳にする「ヘッドを走らせろ」は、一瞬のヘッドスピードのこと。瞬間的なスイングスピードを上げるピーキーなスイングが、必ずしもミートの確率や飛距離を上げることにはつながりません。もしかしたら、ミートゾーンから一瞬でバットが消えてしまうスイングになっている可能性もあるのです。

ブラスト（グリップエンドにつける計測器）で計測すると、MLBで活躍する大谷翔平選手でも時速約120㎞ということを考えると、時速130㎞などほぼ出ないスピードで、そこを目指す必要もないということです。数字の面だけで考えると、ブラストで120㎞以上出る選手は日本の学生でも何人もいます。しかし、バッティング技術という側面で考えると、彼らが上手いとは決して言えません。

## ●ピーキーなスイングのイメージ

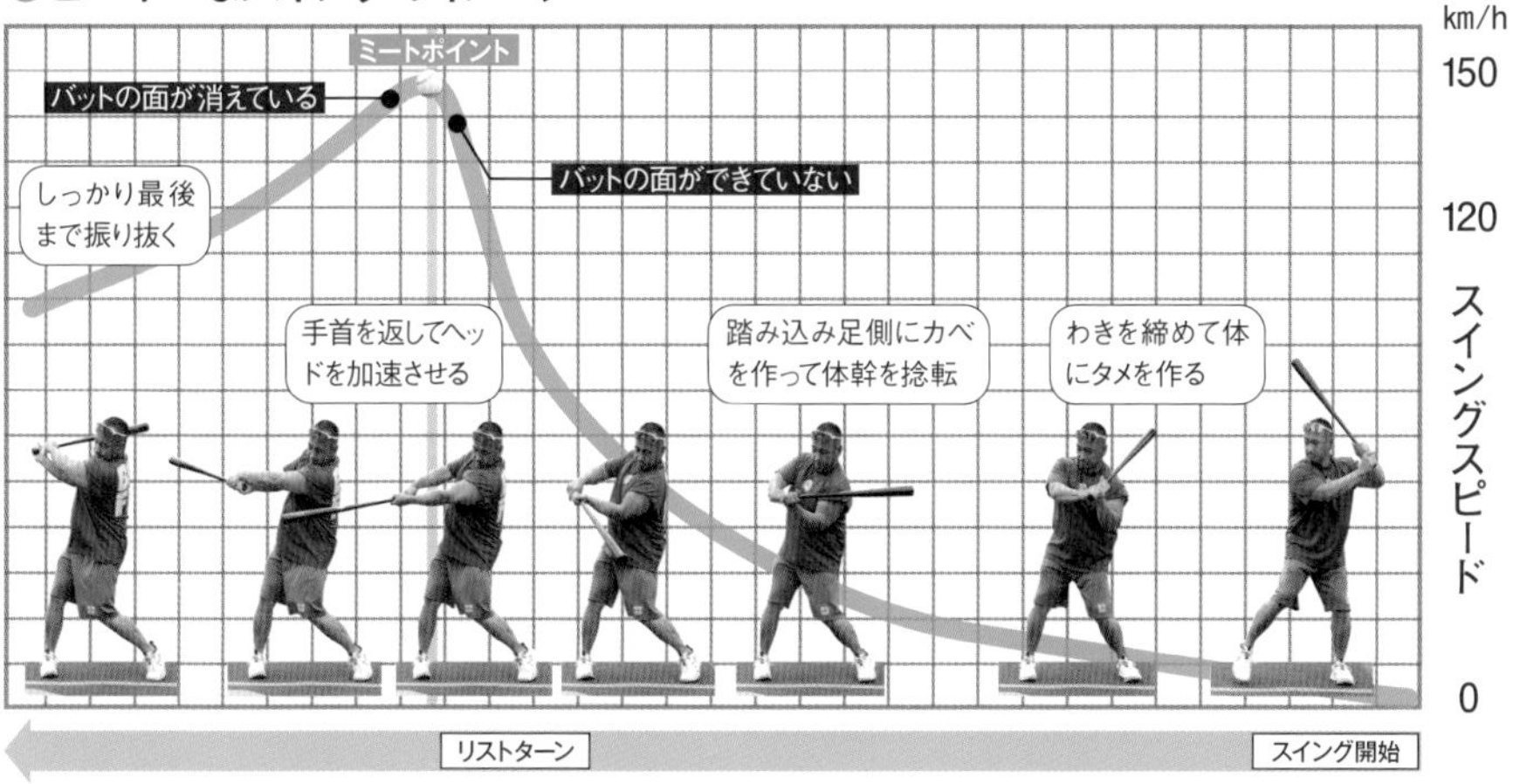


## ●ミートゾーンを意識したスイングのイメージ

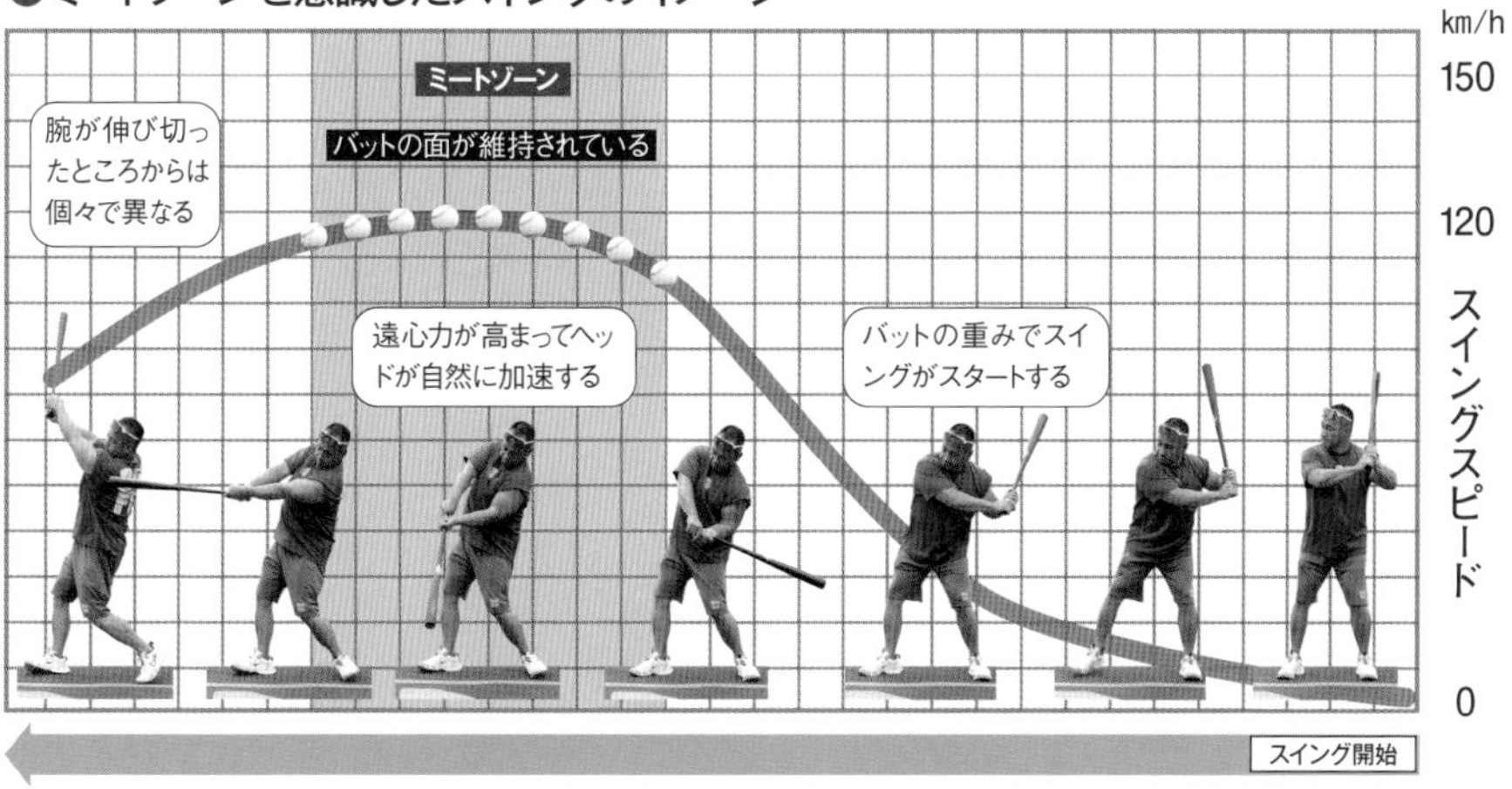

12

縦振りで様々なコースに対応する

# 縦振りでは**コース**によって**ミートゾーンの深さ**が異なる

ここまで「ミートゾーン」と一言で表現してきましたが、ミートゾーンはコースによって異なります。あらゆるコースに対応するためには、「ピークのヘッドスピード」、「遠くに飛ばす」、「キレのよいスイング」などを忘れることが大切です。

日本で、よくヒットを打っているバッターの多くは、球種やコースを予測してヤマを張っていることが多いものです。しかし、「球種を張る」というのは、決して当たり前のことではありません。それでは、なかなか初対面のピッチャーは打てません。

追い込まれるまでは、あえてポイントを前に取って、従来の前で捉えるスイングで仕掛けていくことで、ジャストミートすることができれば強い打球が打てるかもしれません。ただし、追い込まれてからは、空振りしたら終わりなので、幅のあるスイングをしなければいけません。つまり、2ストライクに追い込まれる前後でプランが変わるのです。

従来のスイングしかできないと追い込まれた後に対応できなくなってしまいます。2ストライクまで追い込まれたからといって、バットの芯に当たらないとヒットを出せないのは非常にもったいない話です。どこに投げられたとしても、内野の頭を越してヒットにするという勝負をして欲しいと思います。

## コースによってスイングに含まれる「縦要素の割合」が変わる

「縦振り」と言えども、すべてのボールに対してバットを縦に使えるわけではありません。

基本となるのは、ど真ん中を打つときの角度。バットと地面が約45度になります。そして、もっともバットが立つのがインロー、もっとも水平に近くなるのがアウトハイになります。

アウトハイの場合も、スイングが水平に近くはなりますが、インパクトに向けてリストターンは行わず、縦方向の成分を含んだスイングになります。

レベルスイングではヘッドが遅れて前で捉えられない

手もとが前に出ていると手首を返せずに手打ちになる

●インロー

スイングの縦成分を多く含んだもっともバットが立つスイング

●インハイ

肩とボールの距離が近いため、姿勢がもっとも窮屈になる

●アウトロー

肩とボールの距離が遠いため、腕をもっとも長く使ってスイング

●アウトハイ

スイング軌道がもっとも水平に近く、縦成分が少なくなる

ありがちな勘違い

## すべてのコースでバットを立てて使うわけではない

アウトハイのボールに対してバットを縦に入れるのは不可能

縦振りを体に覚えさせるには、もっとも窮屈な姿勢で極端なスイングとなるインハイの体の使い方を練習することが大切です。

それを見て、「それではアウトコースを打てないではないか」という疑問を抱く人が中にはいるようです。

それは当然で、すべてのスイングをこの姿勢で行うわけではありません。スムーズなスイング修得のために、あえて極端なスイングで練習しているだけで、実際にスイング軌道が水平に近づいたときにも縦振りのエッセンスが加わり、縦振りの体の使い方ができるようになるのです。

13

スイングの限界値を知っておく

# インハイのスイングを準備しながらアウトローにも対応する

ボールを捕らえられるミートポイントは肩からの距離で決まります。バットは上から下にしか落ちないので、ヘッドも内から外にしか出せません。つまり、肩からもっとも離れているアウトローが一番深い位置で捉えるボールということになります。

しかし、体に近いインコースは深い位置でボールを捉えることはできません。アウトコースに備えて準備しておくと、インコースに差し込まれたときに芯で捉えられずに詰まった当たりが多くなり、クリーンヒットできません。

最初は、インコース高めの一番速いストレートを前で捉えるイメージを持ちつつ、アウトコースにきた場合や、変化球で抜かれた場合にも対応できるようにしておくことが大切です。

つまり、インハイとアウトローでは、ミートする深さが異なるため、見た目のスイングも異なります。「縦振り」と呼んではいますが、アウトコースになるほどスイングの軌道は横に近づきます。しかし、アウトコース高めのスイングでも、レベルスイングになるわけではありません。横軌道であっても、縦振りの成分を含んだスイングになります。

「縦振り」は、体の後ろでヘッドが出るスイングです。体が前に流れたり、手もとが前に出るとヘッドが後ろに残らずに、深い位置でボールを捉えられなくなってしまいます。

# インハイの準備をしておけば他のコースにも対応できる

練習を通じて各コースや各高さの限界点を知る知っておく必要があります。とくにインハイはもっとも腕を縮めたきつい姿勢になるので練習しておくことが大切です。インハイは前でしかミートできないため、つねにインハイに反応できるイメージを持っておきましょう。インハイを振り抜けるようになれば、他のコースに関しては徐々に腕が伸びていくので楽に振れるようになります。

## インハイはもっとも窮屈な姿勢でミートゾーンが前になる

もっとも体に近いぶん、姿勢が窮屈になる

前でボールを捉えられればもっとも気持ちよく打てる

深い位置でも芯に当ててミートできる

## アウトローはもっとも深いミートゾーンで腕を長く使える

もっとも腕を長く使えるのがアウトロー。インパクトゾーンの位置はもっとも深くなる

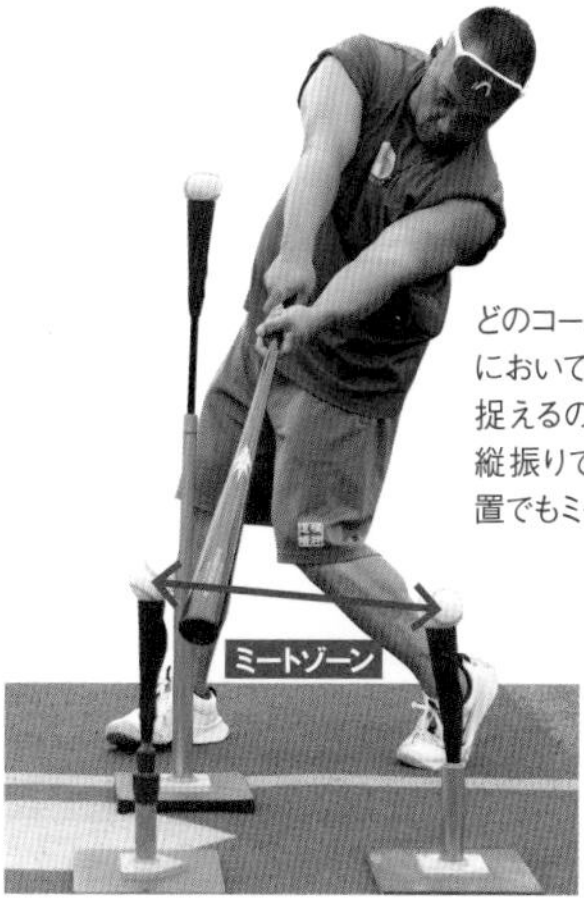


どのコースのミートゾーンにおいても前でボールを捉えるのが理想だが、縦振りであれば深い位置でもミートできる

14

日本人は速いボールに弱い!?

# 日常の素振りや練習も ミートゾーンを意識して行う

素振りをするときに、当たる対象となるボールがないのに1点のインパクトポイントに向けてスイングしていると、動いているボールに当たらなくなってしまいます。素振りでも、どこでボールに当たるかわからない状況をイメージすることが大切です。

後ろでも前でも当たるように練習しておかないと、前後のタイミングが少しでもズレるとバットには当たらないスイングの練習になってしまうので気をつけましょう。

ロングティーなどの練習も同じです。もし、野球が止まったボールを打つ競技であれば、インパクトの点に向けたスイングの練習でもかまいません。しかし、この練習を多くしていると速いボールで差し込まれたり、変化球でタイミングをズラされたりしたときに対応できなくなってしまいます。

海外の選手に比べて、日本人選手が速いボールに弱いのは、日ごろからボールを前で捕えるスイングの練習頻度が高いことが大きな原因だと考えられます。

もし、人生で10万回スイングしているとすれば、後ろのポイントで捉える練習は1000回にも満たないのではないでしょうか。それを補うためにも、ポイントに合わせて1点を振り抜くのではなく、日ごろからゾーンを振り抜く意識を持って練習しておくことが大切です。

# 実戦で使える技術を身につけるための練習をしよう!

縦振りを修得するためには、今までの練習にも工夫を加える必要があります。

止まっているボールを前で思いっ切り叩きたいのであれば、従来の練習が適しているかもしれません。しかし、それは実戦で動いているボールを打つバッティング修得にはつながらないのも事実です。

## ロングティーバッティング

ティーを置く位置によってスイングの意識が変わる

23ページ参照

●ミートポイント

●ミートゾーン

## 素振り

●ミートポイント

前のポイントでボールを捉えるイメージで1点に向けてヘッドを走らせる

●ミートゾーン

バットが体の前を通過するときの平均速度が上がるようにスイングする

## ティーバッティング

●ミートポイント

斜め45°のところから投げてもらったボールを打つ

●ミートゾーン

正面の少し距離が離れたところから投げてもらったボールを打つ。ボールを捉える深さに合わせたスイング修得につながる

## その他の練習

アメリカでよく見かける、上から落とされたボールを打つ練習。落とすコースや位置を変えることでさまざまなボールに対応できるようになる

# バッターが使える唯一の武器 バットをどう選ぶか？

*道具にもっとも効率よく仕事をさせるためには、高性能の道具を使い、その武器に慣れて、使いこなせるようにしておくことが大切。*

バット選びに関しては、あくまでも自分で使いやすいものを選ぶのが基本です。

高校生がよく使っている83－84cmのミドルバランスのバットは、振りやすさの面で考えれば、入門にはいいと思います。そのバットを使い続けたうえで、さらに上のカテゴリーに行きたいのであれば、武器のレベルも上げていく必要があります。つまり、フィジカルが強くなってきたら、84～85cm、プロを目指したいのであればゴールとしては86cmを使えるようになって欲しいと考えています。

現在、大谷翔平選手は87cm（37.5インチ）のバットを使用していますが、単にバットが長ければいいということではありません。長いバットでも扱えるようなスイングを目指して欲しいということです。

長いバットのメリットとしては、長さがあるぶん、物理的にバットの面（芯）が大きくなります。リストターンを使った手首でこねるようなスイングをしなければ、ボールがバットの根もとに当たっても折れる心配はありません。それ以前に、「縦振り」は根もとに当たるようなエラーが出にくいスイングです。

また、近年では金属バットでも反発力の制限などもあります。従来、金属バットのメリットは、木製よりも飛ぶ、折れないので安全かつ経済的といったものでした。これらのメリットが薄れてきている以上、木製バットを使わない理由が見当たりません。

実際に、高校を卒業して、大学、社会人、プロなどのカテゴリーでは木製バットを使わなければいけません。野球はボクシングのような階級制のスポーツではないので、子どもの頃から木製バットを使わない理由は見当たりません。

両翼100m、センター120mの球場でプレーしているプロはもちろん性能が高いバットを使っています。若年層であっても、怖がらずに高い性能の武器に慣れておくことが大切だと考えています。

「いかに道具に仕事をさせるか」と考えたときに、その道具に慣れておくことが使いこなす一番の近道だと思います。

Part 2

# ミート率がUPする! 縦振りスイングのメカニズム

# グリップ主導のスイングメカニズムを理解しよう

ここでは「縦振り」のメカニズムとそれに伴う体の使い方を解説していきます。

縦振りは、従来のレベルスイングとバットの使い方が異なるため、体の使い方が大きく変わります。特に重要なのが「手の使い方」です。体とバットをつなぐ唯一の接点がグリップです。どんな体の使い方をしようと、グリップや手の使い方が悪いと中途半端なスイングしかできなくなってしまいます。

縦振りは、バットの重みから得られる重力を味方につけた「グリップ主導のスイング」です。グリップや手の動きが理解できたところで、それを邪魔しない体の動きをしていくことが大切です。

さらに、投球のコースによってバットを出す角度が変わります。臨機応変に対応できるようにしておくことも大切です。

# 本書で使用するバッティングに関する表記

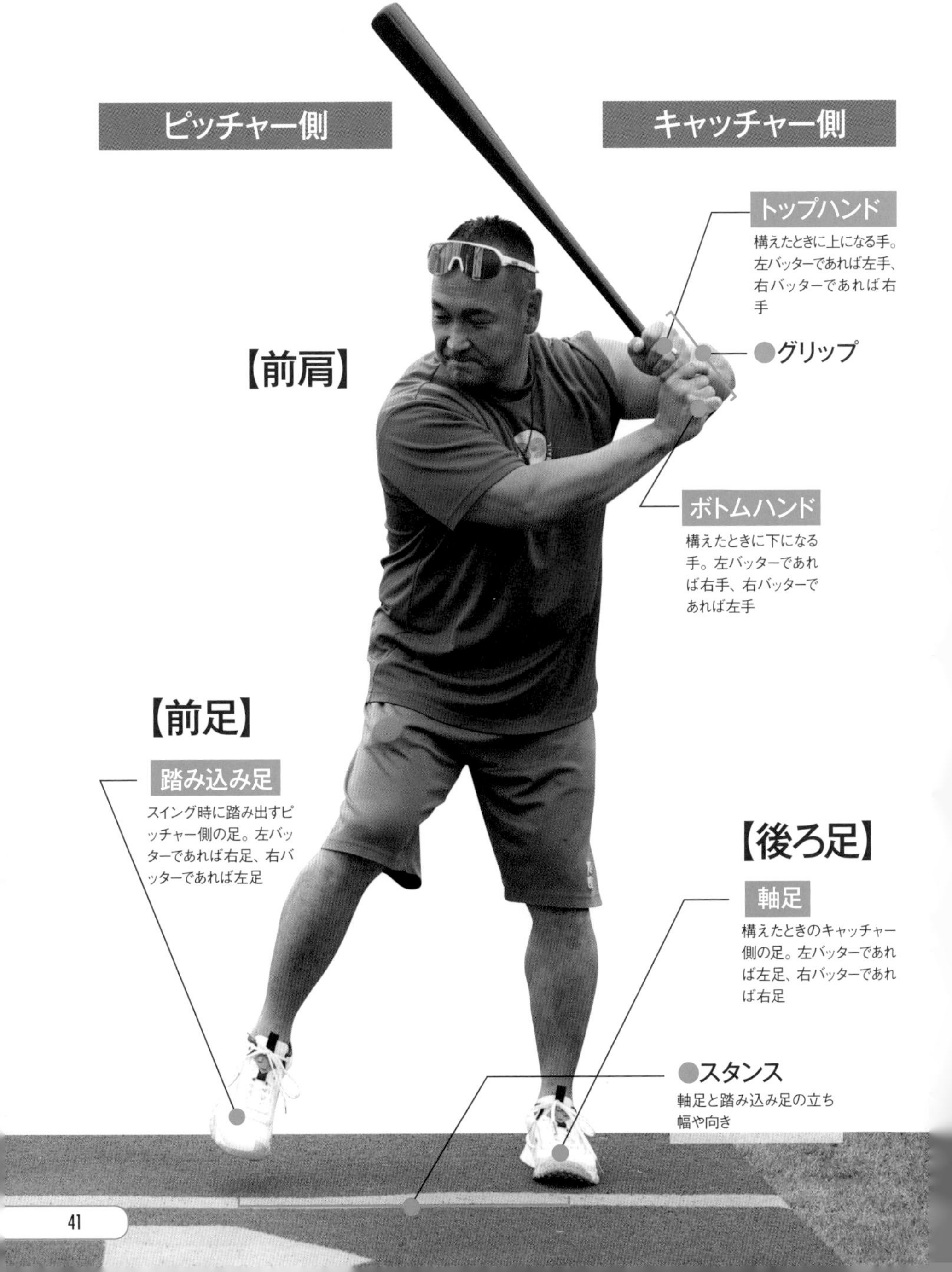
ピッチャー側
キャッチャー側
トップハンド
構えたときに上になる手。左バッターであれば左手、右バッターであれば右手
●グリップ
【前肩】
ボトムハンド
構えたときに下になる手。左バッターであれば右手、右バッターであれば左手
【前足】
踏み込み足
スイング時に踏み出すピッチャー側の足。左バッターであれば右足、右バッターであれば左足
【後ろ足】
軸足
構えたときのキャッチャー側の足。左バッターであれば左足、右バッターであれば右足
●スタンス
軸足と踏み込み足の立ち幅や向き

●準備動作

Sequence **Side View**

## Sequence Front View

BIG
FLY

Sequence **Rear View**

# 肩が開かなければどんなスタンスでもかまわない

オープンスタンス　スクエアスタンス　クローズスタンス

スイングをするときの構えは、オープンスタンスでもクローズスタンスでもかまいません。

また、踏み込み動作のときに、足を上げても上げなくてもいいでしょう。現代のプロ野球では、球速160㎞を超えるようなボールに振り遅れないために踏み込んでいくという感覚をなくしていくのがトレンドになっていますが、カテゴリーによって球速も異なるため、それほど球速のない場合などは踏み込んで打つのも打ち方の一つとして全く問題ありません。

ただし、くれぐれも勘違いしないで欲しいのが、意図的に深いところで打つのではないということです。あくまでもボールを前で捉えるのが理想です。それができなくても、深い位置でも対応できる準備をしておくということを忘れないようにしましょう。

## 踏み込み足が接地するまでは肩から放たれたレーザーポインターがつねにボールを捉えているイメージ

スイングの構えで大切なのが「肩の向き」です。両肩を結んだラインがピッチャーに向くように構え、足を踏み込むまで肩が開かないように注意しましょう。肩が開いてしまうと体幹の捻転が使えなくなってしまいます。肩の放ったレーザーポインターをボールに当て続けるイメージで踏み込み動作を行うといいでしょう。

### どんなスタンスでも足の接地までは肩をスクエアに保つ

オープンスタンス

クローズスタンス

スタンスの方向に肩が開かないように注意しよう

オープンスタンスやクローズスタンスに構えたときや、踏み込む方向が変わっても、踏み込み足が接地するまでは肩をボール方向に向けておくことが大切です。

踏み込み足が接地したところで、肩の回転方向はコースに応じて変わります。

### ミートゾーンを振り抜く際はコースによって肩の向きが変わる

真ん中

真ん中のボールに対しては肩がボールに向く時間が長くなる

インコース

インコースは肩が縦方向に回転する

アウトコース

アウトコースは肩が横回転に近くなる

# 腕とバットを一体化する グリップで握ることが大切

両腕が伸び切ったところで一体感を得られるようにバットを握ることが大切

スイング中には、手とバットが一体化しなければならない局面があります。その「手」とバットをつなぐのがグリップです。「一体化」とは、バットの先から一直線に両腕がつながって一本の棒になった状態です。かつて、落合博満さんが、「神主で切る」と表現していましたが、おそらく私と近い感覚を表現していたのだと思います。

また、遠心力を効率よく使うためには、バットの長さだけでは勿体ないので、「バット＋腕」をバットの長さと考えるといいでしょう。

バットをギュッと握ると一直線に近くなりますが、決してスイング中つねに腕とバットが一直線になっているという意味ではありません。

手首に力を入れる必要はなく、バットを持ち上げたときに、ヘッドが垂れた状態でかまいません。

打つときに手首がかならず伸びる

# 「腕 +バット」がバットの長さ 腕が伸び切ったところで バットと一体化できるグリップ

インパクト後に腕とバットが一直線になるところで、腕とバットが一体化できるようなグリップで握ることが大切です。このとき大切になるのが、トップハンドの握り方。ギュッと強く握ってしまうとバットの重さを生かしたスイングができなくなってしまうので注意しましょう。

片手でバットを持ったときに、腕とバットは一直線になるが、バットの重みで自然に手首が軽く下向きになるように握る

## NG ギュッと強く握る

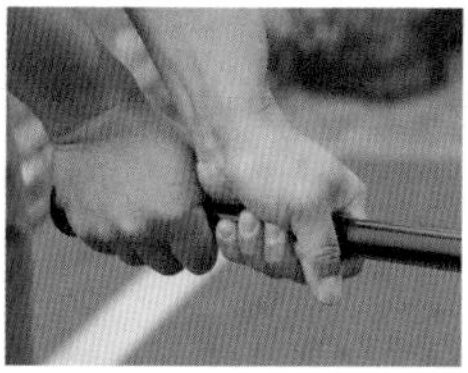

グリップが強すぎると手首がロックしていろいろなコースに対応できなくなる

というわけではなく、コースによって腕とバットの角度は変わります。

もちろん、一番遠いボールを打つときは手首が伸びますが、バットを前に出すような使い方をするときもあります。ただし、そのコースを打つにしても、振り抜いた後に腕とバットが一直線になるゾーンができていなければなりません。

試合ではどのコースにボールが来るかわからないので、トップハンドは遊びを持たせて、インコースに来たときは力を抜き、アウトコースのときは握ることができるように構えることが大切です。また、インコースとアウトコースでは、どこでグリップに圧力をかけるかも変わります。

グリップに遊びを持たせる主たる意図としては、もっとも窮屈な姿勢が強いられるインハイに差し込まれたときに対応できるようにしておく

## トップハンドの指をバットに引っ掛けるように遊びを持たせて握るのがポイント

バットを指で握るか（フィンガーグリップ）、手のひらで握るか（パームグリップ）は、どちらでもかまいません。自分でしっくりくる方でいいでしょう。

大切なのは、トップハンド主導のスイングではありますが、トップハンドで強く握らないということ。ある程度、アソビを持たせて、投球のコースに合わせて握りを調節することが大切です。私の場合は、人差し指、中指、薬指の３本にバットを引っかけるように握ることで、どのコースに投げられたボールに対しても素早く対応できるようにしています。

NG 親指や小指の力み
親指や小指に力が入ってしまうと前腕に力みが生じ、腕の動きに支障が出る

親指と小指を使わずに、人差し指、中指、薬指の３本をバットに引っかけるように握ることでスイングの角度を調節できるようになる

ことです。

ピッチャーとの勝負を考えたときに、「インハイに手を出さない」など諸説ありますが、バッター視点で考えるとインハイでもフェアゾーンに打ち返せるだけの技術を持っておくのが理想です。

イチロー選手などは、「インハイはファールでいい」と言っていますが、三振しなければそれもいいと思います。しかし、それを実現するためにも、この手首の使い方ができなければファールにすらできないことでしょう。

ピッチャーの投球後の限られた時間内で、この状態をつくることができるグリップを探し、自分なりに工夫してバットを握りましょう。

## NG 親指に力が入る

手首が曲がった状態でロックしてしまうため、インパクトでリストターンしないと振り抜けなくなる

## NG 小指に力が入る

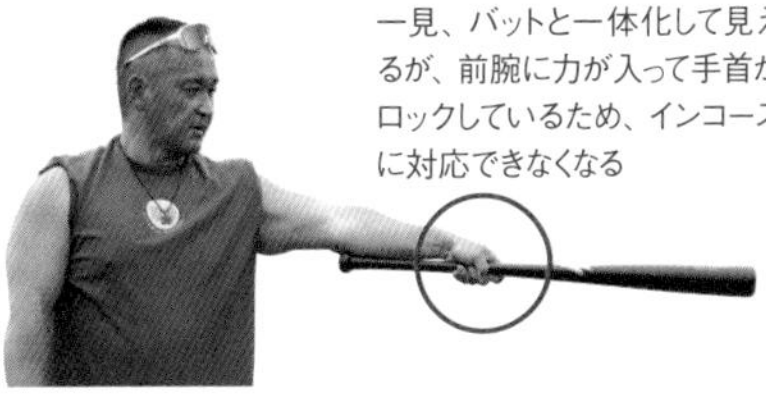

一見、バットと一体化して見えるが、前腕に力が入って手首がロックしているため、インコースに対応できなくなる

# インコースのグリップを準備しておくことでアウトコースにも対応できる

手もとを体のもっとも近くに通さなければならないのがインハイです。このとき、トップハンドを強く握っているとバットが立たずに、体からも離れた軌道になってしまいます。このインハイの準備をしておくことで、他のコースに投げられても瞬時に対応できるようになります。

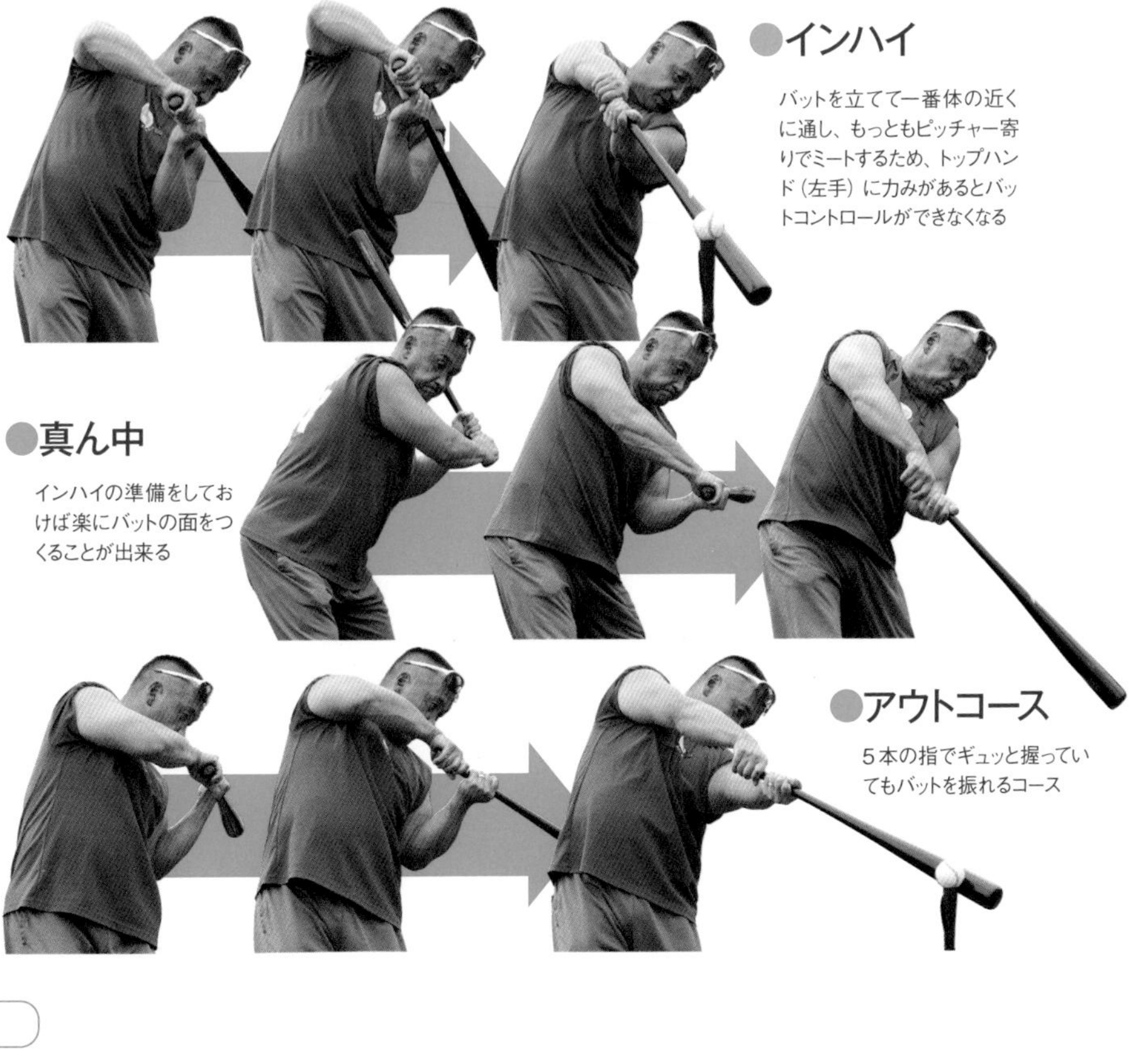

●インハイ

バットを立てて一番体の近くに通し、もっともピッチャー寄りでミートするため、トップハンド（左手）に力みがあるとバットコントロールができなくなる

●真ん中

インハイの準備をしておけば楽にバットの面をつくることが出来る

●アウトコース

5本の指でギュッと握っていてもバットを振れるコース

## トップハンドの「遊び」の感覚を身につけよう

トップハンドの自由度を高めるための「遊び」をつくるためには、その感覚を身につけておくことが大切です。

それなりの重さのあるバットをコントロールするわけですから、力をまったく入れなければすっぽ抜けてしまいます。手首をやわらかく使うためには、親指や小指に力を入れず、人差し指、中指、薬指の３本をどう使うかがポイントになります。

### ●遊びを持たせて握る強さを知る

人差し指、中指、薬指の３本と親指のつけ根で挟む

落ちてくるバットがすっぽ抜けないようにヘッドを握る

バットが立ったまま垂直に落ちるように指を外側に外す

バットを立ててトップハンドの薬指1本で支える

### ●人差し指・中指・薬指で持つ感覚を身につける

中指と薬指に軽く力が入り、人差し指で支える感覚

横向きで落ちてくるバットの重心辺りを下から持つ

グリップを横にスライドさせるように支えていた指を抜く

バットを立ててトップハンドの薬指1本で支える

## ●手首をやわらかく使う

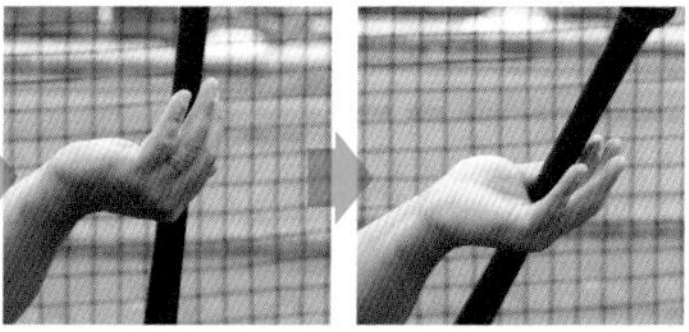

バットを親指と人差し指のつけ根で挟んで、バットの重みにまかせて倒すときの手首の動きを覚えよう

様々なコースのボールに瞬時に対応するためには、手首をやわらかく使ってバットの可動域を広げる必要があります。そこでポイントになるのがグリップです。

バットを握るのでなく、挟み込むようなイメージを持つことで、バットの重みを感じながらあらゆる角度にバットを落とせるようになります。

## ●手首をやわらかく使ってバットを縦に回す

バットを握らずに親指と人差し指のつけ根で挟みこむ

バットの重みにまかせて後方に倒していく

手首に余計な力が入っていなければバットは元の位置に戻ってくる

体の正面でバットを立てて持ったところから、トップハンドの手首をやわらかく使って後方にバットを回す

体の正面に戻ってきたところで、ボトムハンドに持ち替えて反対側でも同じことを行う。これをくり返すことで自然に手首を使う感覚が身につけられる

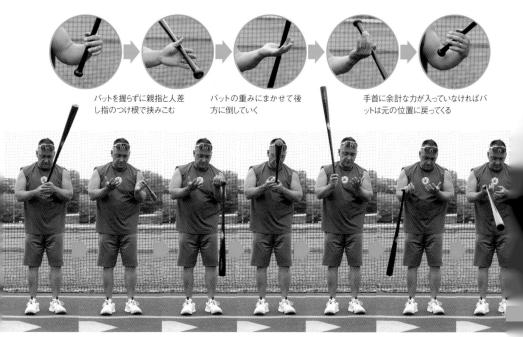

## コースで肩の回転方向が変わるため手の使い方も変わる

打つコースによって肩の回転方向が変わります。コースによってミートゾーンの深さやスイングする角度も異なるため、グリップの使い方で手首の角度も変える必要があります。

アウトコースの場合は、バットの角度が水平に近づき、ミートゾーンも深くなるため、グリップをある程度強く握っても問題ありません。

しかし、インコースではバットが立ち、ミートゾーンもピッチャー寄りになります。特に、もっともピッチャー寄りでミートしなければならないインハイは、５本の指でギュッと握っていると反応できません。グリップに遊びを持たせて、手もとを体の近くに素早く通してバットの面をつくる必要があります。

### ●アウトコース（ミートゾーン前方）

前方の「おいしいところ」であればある程度グリップを握っていてもOK

### ●アウトコース（深いミートゾーン）

差し込まれてミートポイントが深くなった場合は手首に角度をつけないと振り抜けなくなる

### ●アウトハイ

手もとを高くして手首に角度をつけないとバットの面がつくれなくなる

バットの重みを使えないとバットが水平に入ってしまう

最初から手首がロックしていると手もとが低くなる

## ●インハイ

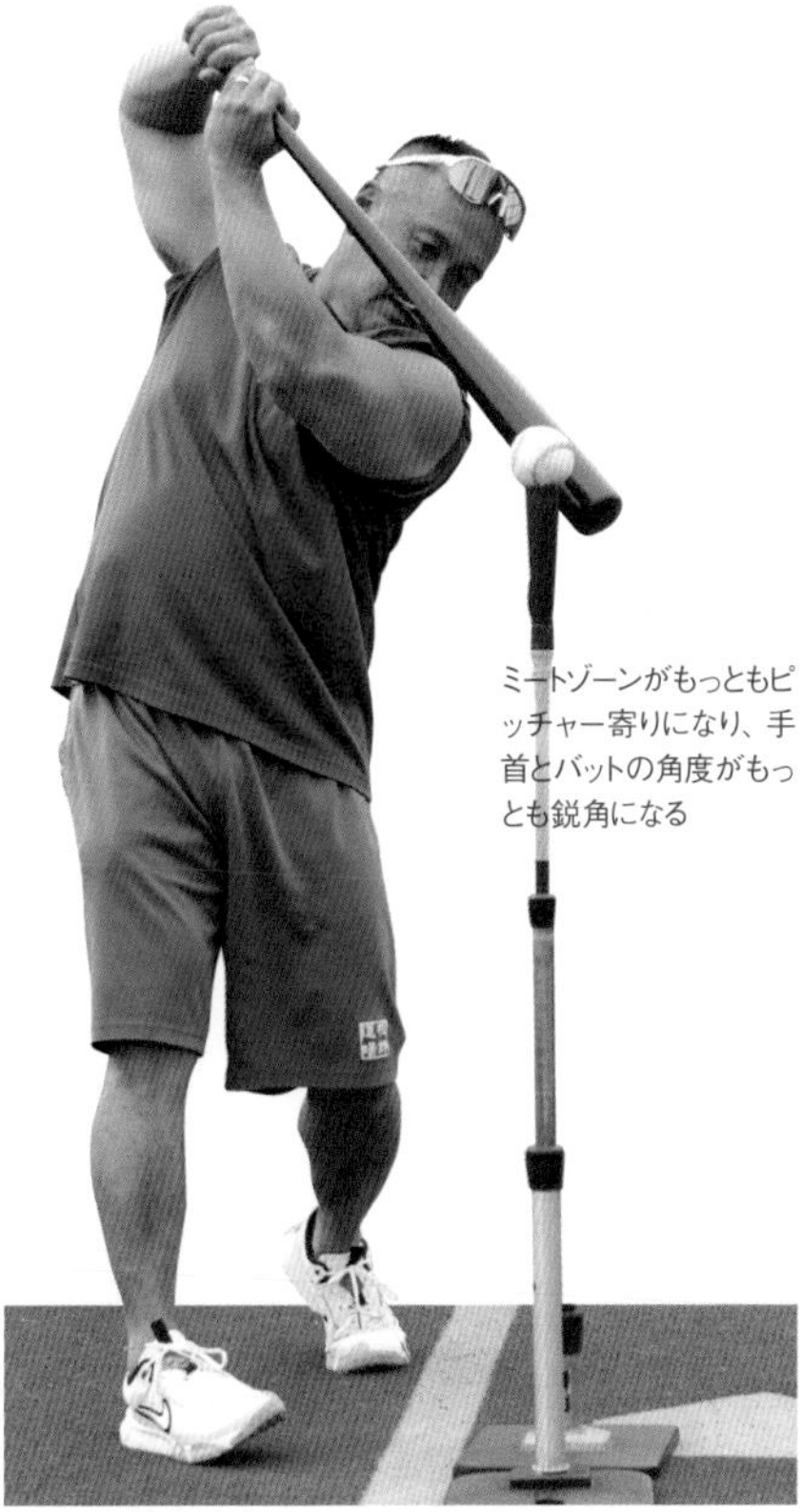

ミートゾーンがもっともピッチャー寄りになり、手首とバットの角度がもっとも鋭角になる

## ●インロー

バットの角度がもっとも縦になる。グリップを強く握っているとバットが立たなくなる

## NG 5本の指でギュッと握る

5本の指でグリップをギュッと握るとバットを立ててインコースを振り抜けなくなる

インコースを打つときは小指と親指で強く握らないことを特に意識する

# トップハンドをパームアップに使ってスイングを主導

## NG トップハンド

トップハンドがパームアップしていても手もとが体から離れてしまうと体が開く

## NG ボトムハンド

手がアゴの下に来たときに前に出るとリストターンしないと振り抜けなくなる

「縦振り」はバットの重みを使ってスイングを始動することからも、グリップ主導のスイングと言うことができます。

バットを落とす時点ではコースも限定できていないため、インハイも視野に入れておく必要があります。重力に逆らわずにバットを下に落とすので、必然的にグリップが体の近くを通るスイングになります。

そして、スイング中の手の使い方としては、「トップハンドはパームアップ、ボトムハンドは逆シングル」と私は教えています。

従来のレベルスイングはボトムハンド主導で、リストターンでボールを弾くスイングだったのに対して、縦振りのスイングを主導するのはどちらかと言えばトップハンドになります。

最初に構えたときにトップハンドに力を入れず、バットの重みを感じ

## トップハンドはバットを落としたところから腕が伸び切るまで「パームアップ」をキープする

手のひらを上に向けたままひじが伸びる　一気に左右の肩を入れ替えて手のひらが上を向く　下半身がターン。体に近いところで手のひらがターン　最初は手のひらが下を向いている

## ボトムハンドは向かってくるボールを逆シングルハンドでキャッチするイメージで使う

逆シングルの形のままひじが伸び切る　一気に左右の肩を入れ替えて手のひらがピッチャー方向を向く　下半身がターン。手のひらは下を向く　最初は手のひらが自分に向いている

ながら手のひらを上に向けて落とす（パームアップ）ことで深いボールにも対応できます。ここでポイントになるのが、トップハンドのパームアップをいかに長くキープできるかです。ミートゾーンを越えて、腕が一直線になるところまでパームアップの状態をキープするのが理想です。トップハンドのリストを使うとすれば、腕が一直線になった後です。この点からも、「縦振り」はボトムハンドのリストワークが必要とされるスイングと言えます。

ボトムハンドの使い方としては、インパクトに向けて逆シングルでボールをキャッチするときのようなイメージになります。

「手の甲で弾く」「裏拳を入れる」イメージを持っていると、リストターンを使ったレベルスイングしかできず、縦振りを修得できないので注意しましょう。

## ●トップハンドの動き

バットを落とすときは手の
ひらは上を向いていない

## ●ボトムハンドの動き

逆シングルでボ
ールをキャッチす
るイメージでボト
ムハンドを使う

バットが下りるま
でボトムハンドは
パームダウン

腕が伸び切るところまでパームアップの状態になる

# 「ヒッチ」でスイングがパワーアップする!?

バットを落とす感覚や始動のタイミングを掴む動作
ヒッチの幅は人それぞれでかまわない
バットの重みを感じながら始動の感覚を確認するのがヒッチ

打席に入ってから、グリップを上下に動かしながらトップをつくる「スイングの準備動作」を「ヒッチ」と呼びます。ゴルフで言うところの「ワッグル」です。日本では、スイングを始動するタイミングが遅れるなどという理由で、ヒッチはよくないと言われることが多いようです

アメリカでは「バッティングはリズムとタイミング」。ピッチングフォームに合わせてボールとの間合いを測ってタイミングをとると教わりました。つねにピッチャーが動いてからバッターが動くのでは、遅すぎるように感じます。

実際に体を動かすときに、「静→動」では反応が遅れたり、力みが生じたりするものです。私は「動→動」の方が、体の反応が速く、タイミングをとりやすいと考えています。

自分自身、意識的にヒッチを入れるようにしたわけではありませんが、

## 自分でタイミングをとりやすい幅や方法で「ヒッチ」する

ヒッチの幅や回数などは、人それぞれでいいでしょう。バットを落とす感覚とスイングを始動するタイミングのとりやすい方法を探し、それをルーティンとするといいでしょう。

## グリップの「遊び」を生かした「切り返し」で初速が上がる

トップハンドの遊びを生かしながら、ヒッチでバットを上げる動作からスイングを始動させます。トップでの切り返し動作が加わるぶん、ただヘッドを落としたときよりも初速が速くなります。また、自然な動きの中で反動を使うため、腕の力でコントロールしようとする意識がなくなり、力みも生じにくくなります。

## 踏み込み動作での体幹のタメでスイングがパワーアップする

ヒッチでバットを戻すタイミングで踏み込み動作をすることで、体幹にタメができ、バットの始動が加速します。

一旦、落としたグリップを上げてから落下させることで、スイングにパワーやスピードを加えることができると考えています。

# 下半身の並進に合わせて上半身が3Dの動きをする

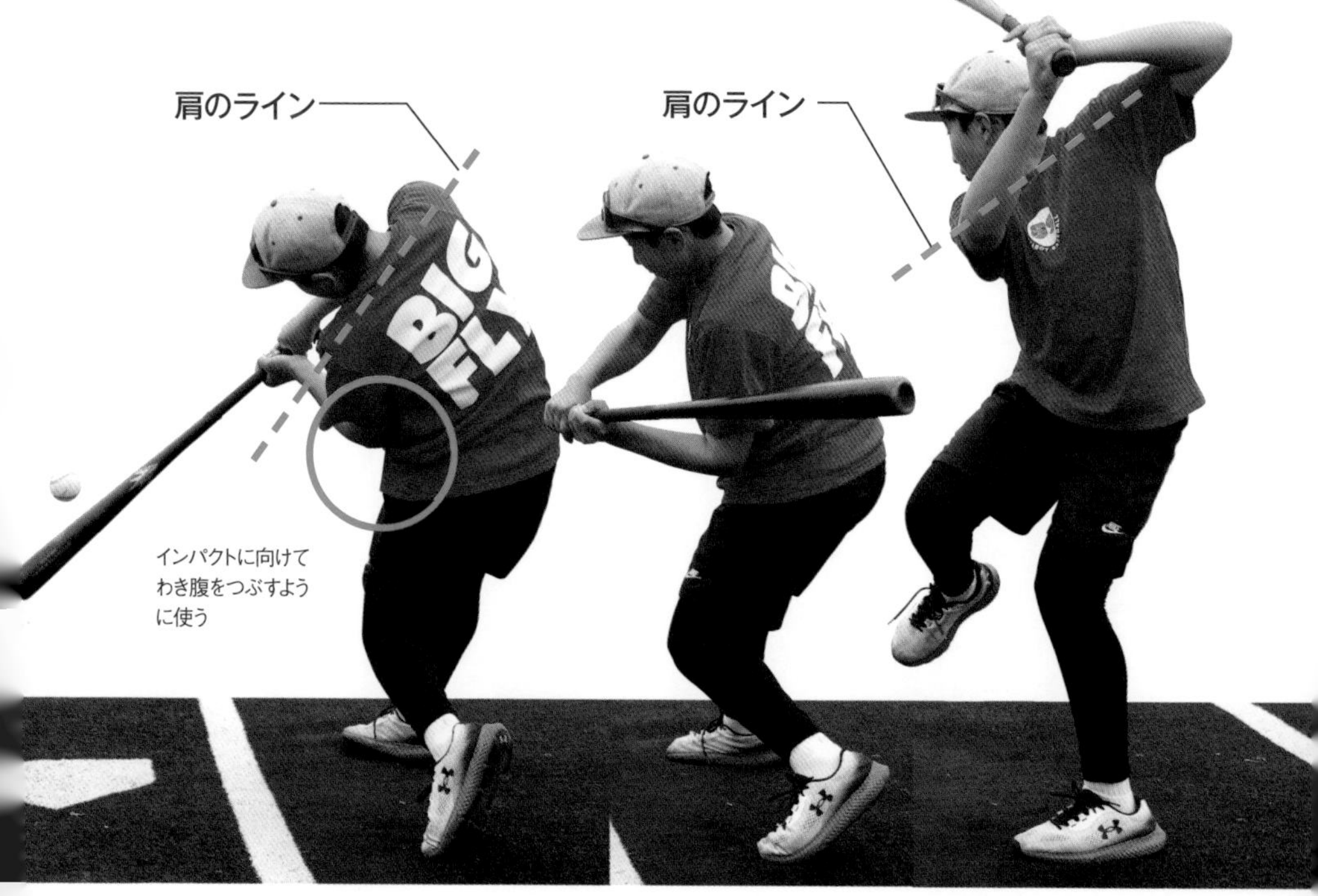
肩のライン
肩のライン
インパクトに向けてわき腹をつぶすように使う

スイングを開始すると、下半身はピッチャー方向に向かって並進動作を行います。この動きに合わせて上半身が回転を始めます。

ここで大切なのが、上半身は水平に回転するわけではないということです。体の正面で左右の肩を入れ替えるイメージでスイングすることが大切です。

バットの重みを感じながらスイングを始動できていれば、グリップを落とすときにトップハンド側の肩が下がります。そのためには、単純に体幹を左右に捻るのでなく、わき腹をつぶすような使い方をする必要があります。

また、振り抜くコースによって変わるバットアングルも、この体幹の使い方で調整します。手先でバットコントロールしようとするとバットの重みや遠心力を生かせなくなってしまうので注意しましょう。

## インパクトに向けて左右の肩のラインが入れ替わる

重力に逆らわずに、バットの重みを利用したスイングでは、インパクトに向けて左右の肩のラインを入れ替えることでスイングが加速されます。体の正面あたりで肩のラインが立ち、バットが加速して手もとを追い越してインパクトをむかえます。

## 肩の動きに伴って左右のわき腹がつぶれる

踏み込み動作に合わせてわき腹をつぶすサイドが変わる

### コースによるわき腹のつぶれ方

インコース

アウトコース

踏み込み動作では前方のわき腹の筋肉が収縮してつぶれますが、インパクトでは反対側のわき腹がつぶれます。インサイドアウトの動きでは、体幹から生み出されるパワーを加速して末端に伝えるため、スイング中のこのような体幹の使い方がスイングの加速にもつながります。

# 練習ではできるだけ極端な「重心移動」をイメージする

踏み込むときは踏み込み足に100％重心移動するイメージで下半身始動のスイングを心がける

スイングの開始で軸足に体重を100%乗せるイメージ

地面からの反力を利用してボールに力を伝えるために必要不可欠なのが「重心移動」です。

ピッチャーの場合は、軸足に体重を100%乗せたところから、踏み込み足に100%移動させてボールにエネルギーを伝達します。しかし、バッターの場合は、バットを体の周りに回転させるため、スイングの戻りがあります。

バッターの重心移動のイメージは、最初に軸足に体重を100%乗せたところから、踏み込み足に100%、さらに振り戻しで軸足に100%乗せ戻すイメージでいいでしょう。上体が前に突っ込んでしまうと、最後に戻せなくなって体が前に流れてしまいます。

実戦では、踏み込み足に100%の体重移動や振り戻しで軸足に100%体重を乗せ切ることはなかなかありませんが、練習では100

## NG カベを作る

体の側面にカベを作るとリストターンしなければインパクトできなくなる

## NG リストターン

リストターンして前方でボールを捉えるスイングでは、体が前方に流れやすく、バットの振り戻しで体が戻される感覚を得られない

腕が伸び切った後のバットの振り戻しでは軸足に重心を乗せ戻すイメージで振り抜く

%の重心移動を行うといいでしょう。

踏み込み足60%：軸足40%荷重の練習などはしませんが、実際のスイングでは変化球でタイミングをズラされたときなど、結果的にそのようになることもあります。

重心移動に限らず、練習では高い意識を求められる方を、つねに重点的に行うことが大切です。体に馴染み切っていない新しい動きを身につけようとするときは、できるだけ極端な動きで練習しておくことで、求める動きが自然に身につきます。

しかし、重心移動は自然にできているもので、考えるものではありません。頭で考えると体は動きません。ドリルでは最初に軸足に重心を乗せ切ることで、自然に踏み込み足に乗るようなものを行っています。重心移動に意識を置くと突っ込みやすくなるので、意識は「軸足」に置くことが大切です。

# 「腕＋バット＝バットの長さ」と考えてバットを長く使う

腕が伸び切ったところで腕とバットの長さが最長になる。この形を目指して一気に振り抜く

遠心力を生かすためには、できるだけバットを長く使う必要があります。そこで、バットの長さは「腕＋バット」と考えるようにしましょう。

ゴルフスイングなどをイメージすると、完全に振り抜いて止まったところを「フィニッシュ」と思いがちですが、「縦振り」では腕が伸び切るところまで振り抜ければOKです。

腕とバットを一体化させて、胸からバットが出ているイメージで、腕が伸び切るところを目指して一気に振り抜きましょう。

腕の使い方は、打つコースによって、肩からボールまでの距離で決まります。

アウトコースのボールは腕をもっとも長く使えるため、腕の延長がバットになります。しかし、インコースは肩に近いので腕を伸ばせません。バットを前腕の延長と考えたスイングになります。

# コースによって肩からの距離が違うから使える「バットの長さ」が変わる!!

## ●アウトコースは「腕+バット」

アウトコースのバットの長さは「腕+バットの長さ」になります。肩からの距離がもっとも遠くなるため、インコースに比べてミートゾーンも深くなります。

ミートゾーン
バットが長くなったぶんミートゾーンが深くなる

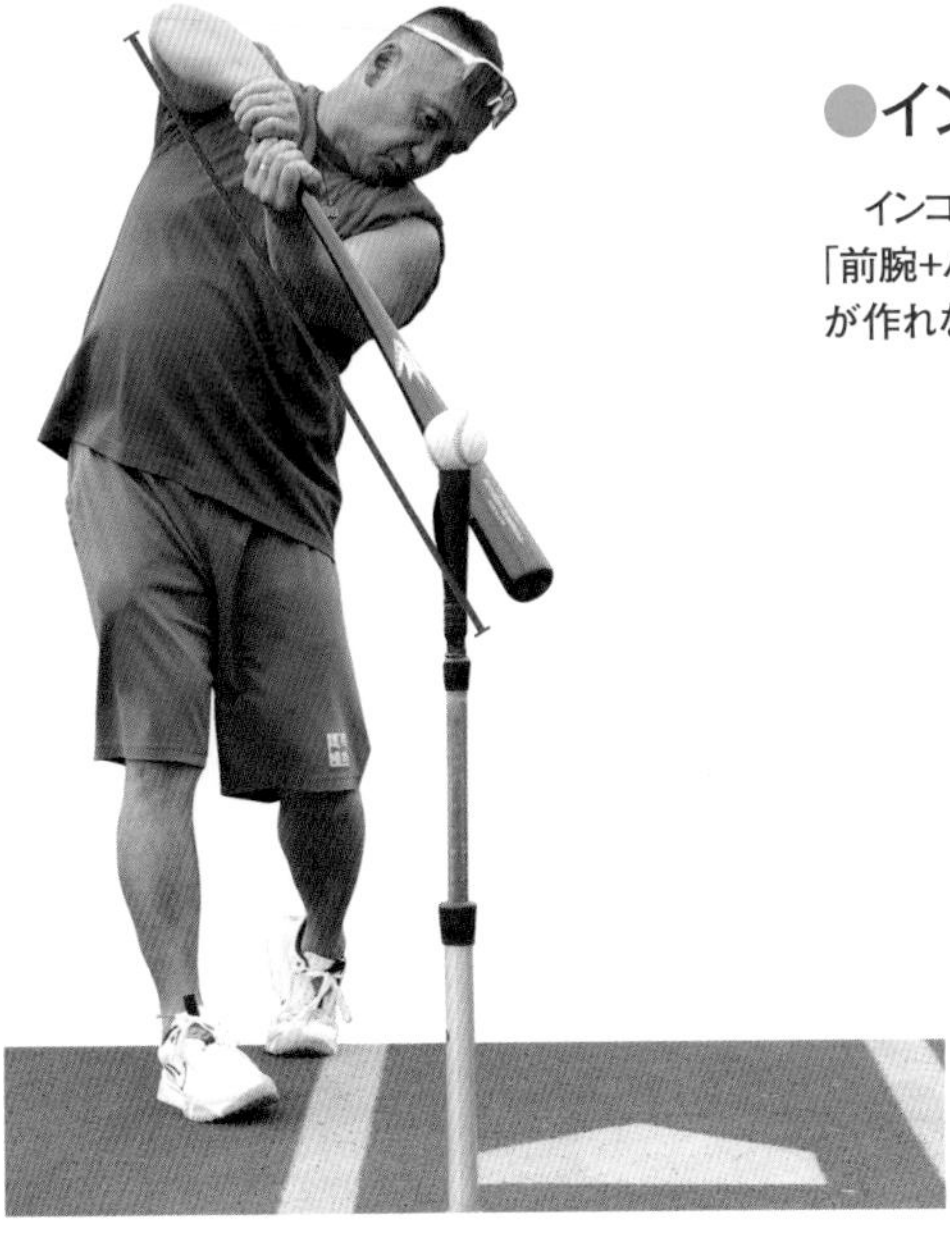

## ●インコースは「前腕+バット」

インコースは肩からの距離が近く姿勢が窮屈になるので、「前腕+バットの長さ」で振り抜きます。胸の前にスペースが作れないぶんミートゾーンがピッチャー寄りになります。

ミートゾーン
体の近くを振り抜かなければならないのでバットを短く使って浅いミートゾーンでボールを捉える

# 腕が伸び切ったところがフィニッシュになる

ミートゾーンでスイングスピードが最速になる

フルスイングでバットを振り抜くときは、インパクトポイントを意識してはいけません。実戦の対ピッチャーのバッティングでは、打てるところに来たら振らないと打てません。つまり、インパクトは単なる通過点にすぎません。

これを前提に考えると、スイングで意識するのは、振り抜いた後にトップハンドが伸び切ってバットと一直線になるところになります。つまり、練習ではヘッドが加速し切ったところをフィニッシュとしたスイングをすることが大切です。

最初に構えたときはトップハンドに遊びを持たせてグリップを握りますが、インパクトではグリップに自然に力が入ります。そして、腕が伸び切ったところから、バットがキャッチャー方向に戻ります。

フィニッシュから先は、インパクトには関係のない部分になります。

## 腕が伸び切った後はどんな形でもかまわない

●手首を返す

●片手になる

●スイング停止

## フィニッシュ

バットの勢いで両腕が伸び切ったところがスイングのフィニッシュになります。ここを目標にスイングをしましょう。

スイングの勢いでバットに引っ張られて前方に腕が伸び切る

フィニッシュ後で手首が返っても問題ありません。トップハンドを離して片手で振り抜いたり、スイングにブレーキをかけてやめてしまっても問題ありません。

練習のなかには、意図的に手を離してフォロースルーを行うものもありますが、それは手首をこねて振り切れない人を対象とした矯正ドリルです。

従来のレベルスイングでもインパクトまでに手首が返っていれば問題ありません。しかし、タイミングがズレて手首を返しながらボールに当たることが高い確率で起こります。つまり、手をこねたスイングでは、前でしかボールをたたけないことになります。インパクトで手首を返すスイングでは、2023年のWBCで大谷翔平選手が見せたような片ひざ立ちでのホームランは打てないのです。

# インサイドアウトで最大パワーを発揮する

手もとを振り下ろすときの前腕とバットの角度は鋭角になる

「縦振り」は、体の近くからグリップ主導でスイングを開始して、腕が伸び切るところまで一気に振り抜くインサイドアウトの動きです。

インサイドアウトとは、バットのスイング軌道だけでなく体の使い方を意味します。体の中心からパワーを発揮して、それを末端に伝えて爆発的な大きな力を得ることができます。バッティング動作の場合、体幹の捻転力をバットの重心（芯）に伝えるということになります。

それとは逆に、発揮した力を1点に集中させる体の使い方がアウトサイドインです。

アウトサイドインとは、最後に力の方向をコントロールする動作になるため、パワーを発揮したい場面ではネガティブな要素として使われることが多い動作です。

たとえば、ピッチャーが最速のボールを投げたいのであればインサイ

# 「最短でバットを振れ」、「わきを締めろ」の勘違い

バットを振り下ろすときに体からバットが離れてしまうと、遠心力によって大回りのスイングになってしまいます。そのままだと、ダウンスイングのインパクトになってしまうと、ミートポイントが一点しかなく、ボールも上がりません。

私は「最短」とはバットと手の距離と考えています。手を体の近くに通してトップからグリップを落とすことで、バットの重みでスイングが始動し、遠心力を生かすことができます。

トップから落とすときはヘッドが立っていることが大切です。ここでヘッドが寝ていると体から離れていきやすいので注意しましょう。そのためには、トップハンドの前腕とバットの角度を鋭角にしておく必要があります。ここで、グリップエンドをぶつけるイメージを持ってしまうと、リストターンにつながるので気をつけましょう。

よく「わきを締めろ」と耳にしますが、ボトムハンドのわきを締めてしまうと、前腕の長さのぶんグリップが体から離れてインコースをさばけなくなってしまうので注意しましょう。

ボトムハンドのひじを上に抜くことで、体の近くにグリップを通すことができる

前腕の長さのぶん体から離れる。インコースはボールに当てることができても根本で打つのが精一杯

ドアウト、コントロールがつかないときにボールを置きに行くときの体の使い方がアウトサイドインです。

バッターでたとえるなら、ボールにミートしに行くときはインサイドアウト、バントや手先でボールに当てにいく場合の体の使い方がアウトサイドインとなります。

止まった状態から、外に向けてパワーを発揮する動作で、力の原点をたどっていくとその基本は地面から受ける反力です。つまり、体重が重いほどスタート時点での大きなメリットがあるということになります。

次に、地面を踏み込みながら重心移動し、体幹の捻転力でスイングを加速することで大きなエネルギーが生み出されます。つまり、筋肉が動員されることで得られる力です。トレーニングを通じて、瞬間的に最大筋力を発揮できる体の使い方と筋力を身につけておきましょう。

## グリップを正しく体近くに通す感覚と体幹の使い方を連動させる

体の近くで大きなハンドルを回すときのように手を使うことで「トップから最短でバットを振る」感覚をイメージしやすくなります。

体幹を捻りながらハンドルを回すためには、顔の下で肩を立てるように左右の肩を入れ替え、それと同時に、グリップが体に近づきます。体の正面を通過するときにトップハンドはパームアップになり、ボトムハンドも逆シングルの形に近くなります。

足は回るが、上体はできるだけキープする

トップハンドをハンドルの上、ボトムハンドを下で握る

## NG 体を横に回転させる

体を横に回転させるとハンドルは回せなくなる

体の正面で左右の
肩のラインを一気
に立てるように捻転

# 踏み出し足のつま先が開くから体が回転する

踏み込み足を接地させるときに地面から受ける反力が最大になります。このとき、踏み出す脚のひざに遊びがあるから大きな力が生み出されます。もし、ひざが伸び切っていると、かかとの踏み込みが弱くなります。

踏み込みが強いほど、インパクトでボールにかかる圧も強くなります。しかし、闇雲にドンと強く踏み込めばいい訳ではありません。踏み込んだときに、下半身は打ちに行く姿勢ですが、上半身は前の肩を開かずにグリップが残っている状態ができていなければいけません。下半身の踏み出しと一緒に上体が回ってしまうと捻転力は使えなくなります。

踏み込み足から得られる反力から回転の強さが生み出されます。体を回そうとする気持ちが強くなるほど、この反力を生かせなくなってしまうのも事実です。地面からの反力をイメージするときに、最後にキャッチ

## NG つま先を開かない

つま先を開かないと、体の側面にカベができて、リストターンしなければ振り抜けないスイングになる

つま先を開いて接地するから体が回るようになる

ャー側に跳ね返ってくる「踏み込み足の蹴り戻し」と考えるといいでしょう。

踏み込み足から反力を得ると同時に、軸足側の腰骨を打球方向にぶつけていきます。ピッチャーに向かってひざ蹴りするイメージです。この2つのタイミングを合わせることで、MLBのスラッガーのようにインパクトで軸足がつま先立ちになるようなスイングが実現します。

また、接地のときに大切なのが「前足のつま先の向き」です。つま先を45度程度開いて接地させることで体が回りやすくなります。

つま先を開かずに打とうとすると、踏み込み足の外側にカベができて、体を回せなくなります。そのままボールを打とうとすると、手もとを前に出してリストターンしなければ振り抜けなくなってしまうので注意しましょう。

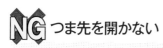

# 「ビハインドザボール」で手に仕事をさせる

「ビハインドザボール」とは、アメリカでよく使われている言葉で、「打球を後ろから見られるようなフォロースルーを取る」という意味です。

これは、バットを落としてから腕が伸び切るまで頭の位置を変えずに「手に仕事をさせろ」ということです。

飛ばしたい気持ちが強くなるほど上体をあおりたくなるのがバッターの心理ですが、実際は手がボールを捉えることができれば打球は飛んでいくのです。つまり、大事なのは「ハンドワーク」なのです。

打球が気になって目で追ってしまうことで、無意識に頭が上がって（ヘッドアップ）、前の肩がわずかに上がったり、早く開いたりすることでミートポイントがズレてしまうのは非常にもったいない話です。

頭を動かさずに、左右の肩を入れ替えるイメージで手に仕事をさせましょう。

# 前の目でインパクトが見えるように頭を動かさない

ビハインドザボールを日本風に言うと、「顔を残せ」、「ボールをよく見ろ」という表現になります。言い換えると、バットを持っている「手に仕事をさせる」ということです。

現役時代は、右目でボールを見る意識を持っていました。バッターであれば、自分の打球を目で追いたくなりますが、フィニッシュまでは頭が上がらないように気をつけましょう。

## NG ヘッドアップする

打球を目で追って頭が少しでも上がると肩の位置が微妙に上がったり、上体が早く開いてインパクトにズレが生じる

ヘッドアップしてしまう人は、頭を動かさずに左右の肩を入れ替える練習をするといいでしょう。根鈴道場に来る小学生には、鏡の前で自分の目を見ながら、顔を動かさずに左右の肩を入れ替える練習を導入として行っています。

## 頭を動かさずに左右の肩を入れ替える

わき腹をつぶして回転するため骨盤が3Dの動きをする

# スイング修得に役立つ練習ギア

PART3の練習でも使用しているギアの特徴や効果を理解しておこう。

## ●スピンバット

スイングの始動に向けた手首のやわらかさや手首の使い方を修得するためのバット。ミートゾーンの面の向きも確認できます。

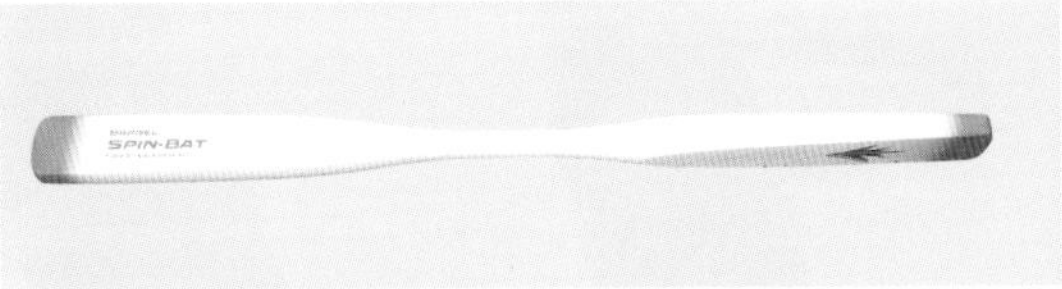


## ●バレルバット（ワンハンド）

バレル部分の重みを使って正確なハンドワークを身につけることができます。通常のマスコットバットよりも芯部分が体から離れない感覚が身につきます。

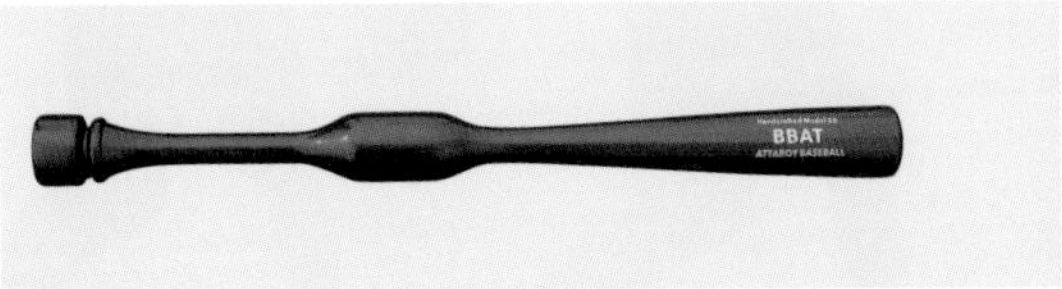


## ●バレルバット（長）

動作修得後に実戦スピードに転換する為のバレルバットです。バットリングと異なり、バッティング練習などで実際にボールを打てるメリットがあります。

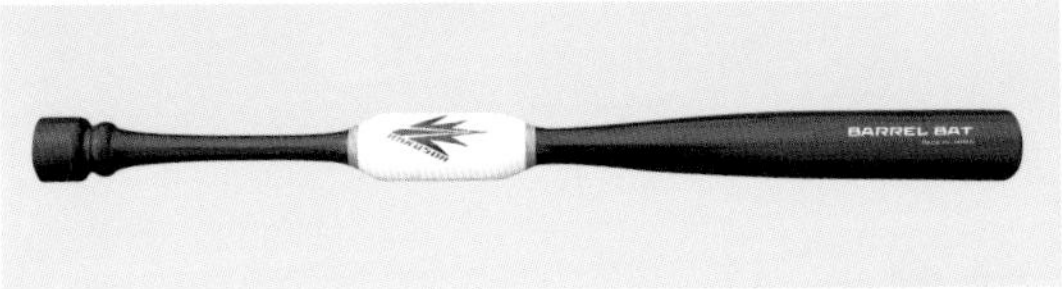


## ●パームアップバット

パームアップの修得、リストターンに頼りったスイングの改善につながります。ハンドワークを身につけることで正しいインサイドアウト軌道を修得できます。

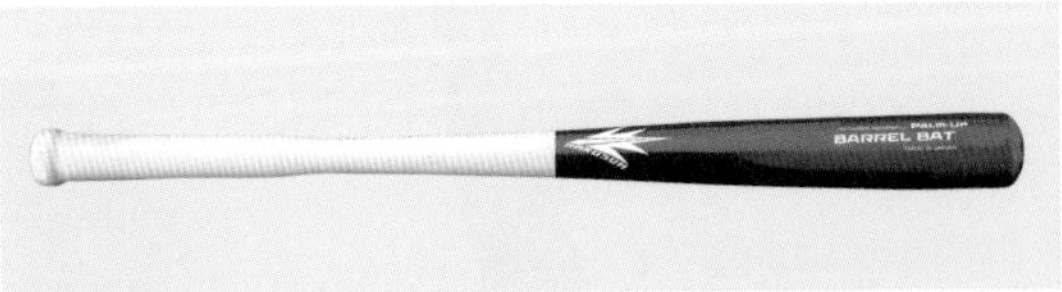


## ●ドライブライン

通常よりも極端に重く長いバットを使用することで、バットの重みを使って遠心力を生かしたスイングの修得に役立ちます。

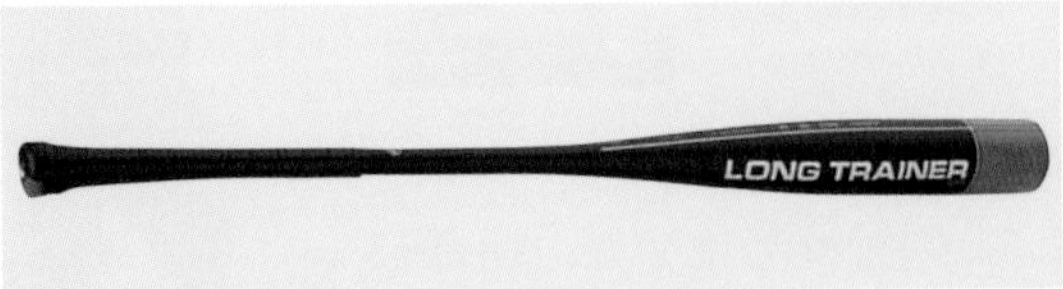


**練習用バットに関してさらに興味のある方は**

**URL** https://www.attaboybaseball.com/

# Part 3

# 縦振りスイングをスムーズに修得できる! 根鈴式スイングドリル

縦振りの体の使い方と感覚を
スムーズに体得するための

# 「縦振り」修得ドリル

「縦振り」スイングは従来のレベルスイングとはメカニズムが大きく異なるため、体の使い方も大きく違います。従来のスイングに慣れている人は、スイングの概念から変えていく必要があります。

本章では、従来のレベルスイングとは異なる「縦振りの体の使い方」を動きのなかで修得するドリルを紹介していきます。

体の各部位の使い方や姿勢など、今まで身につけてきたものと違う動きを修得するためには、新しい動きをできるだけ極端な姿勢で行う必要があります。ドリルで大げさな動きを反復していくことで、今までの固定概念を払拭することが修得の近道と言えます。

「実際にこんな動きをすることはない」などと思わずに、その動きをするための体の使い方を身につけていくことで、目標とする動きが自然にできるようになります。

ここで取り上げているドリルは、実際に根鈴道場でも行っているドリルから抜粋したものです。

ドリルを行う順番としては、最初に手の使い方を覚え、徐々に全体の動きに落とし込んでいくといいでしょう。ドリルを行う際は、見た目の形だけを追うのでなく、その練習を行う意図と目的を理解してから行うことが大切です。

練習用バットを使ったドリルも多いですが、いくつかのドリルに関してはこれらのギアがなくても、工夫すれば同様の効果が得られます。また、ティーバッティングでパートナーがトスを行う際は、トスをする位置に気をつけましょう（37ページ参照）。

# 本章で紹介するドリルの目的

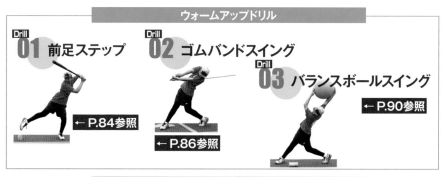

## ウォームアップドリル

Drill 01 前足ステップ

← P.84参照

Drill 02 ゴムバンドスイング

← P.86参照

Drill 03 バランスボールスイング

← P.90参照

## ハンドワークを身につけるドリル

Drill 04 ボトムハンドドリル(座り)

← P.92参照

Drill 05 トップハンドドリル(座り)

← P.94参照

Drill 06 両手スイング(座り)

← P.98参照

## グリップ軌道と体幹の使い方を身につけるドリル

Drill 07 スピンバット(座り)

← P.100参照

Drill 08 スピンバット(立位)

← P.104参照

Drill 09 スピンバット(トス)

← P.108参照

## インサイドアウトの動きを身につけるドリル

Drill 10 パームアップバットスイング

← P.110参照

Drill 11 バレルバットスイング

← P.112参照

Drill 12 ドライブラインスイング

← P.114参照

Drill 01

「縦振り」の基礎を確認するためのドリル

# 前足ステップ

*頭を残して足を前に踏み出す動作を身につけよう。*

踏み込み足が着地する辺りに缶やペットボトルなどを置いて片足立ちになる

バランスを保ちながら踏み込み足を缶の方向に伸ばす

縦振りスイングを修得するに当たって、体がピッチャー方向に突っ込まないようにするための、もっとも基礎的なドリルです。

自分の重心の意識を高めると同時に、軸足への体重の乗せ方を確認しましょう。しっかり体重を乗せ切れていれば、片足立ちになったときに体がフラフラしないはずです。

重心をコントロールできていないとフラついて、バランスをとるためにひざに負担がかかります。きちっとできていれば、股関節に負荷がかかるため、軸足つけ根の外側の筋肉(中臀筋)に負荷がかかります。

注意点としては、踏み込み足を前に伸ばしたときに、前の肩が下がることです。前肩が上がって後ろ肩が下がるとスイングできなくなるので注意しましょう。

素振りの前や試合の前にやっておくといいドリルです。

## 正しく荷重できれば軸足のつけ根に負荷がかかる

正しく軸足に重心が乗せられていれば、軸足側のお尻の外側の筋肉（中臀筋）に負荷がかかり、じわじわと温かくなってきます。荷重バランスが悪いとひざに負荷がかかります。

元の姿勢に戻る

これまでの手順を逆に辿ってゆっくり元の姿勢に戻る

軸足に体重を乗せたまま、バランスを崩さずにつま先で缶にタッチする

NG 前肩が上がる

踏み込み足を伸ばしたときに前の肩が上がってあおった姿勢になる

動画でCHECK!

URL https://www.youtube.com/watch?v=3dhZlxZSY3k

Drill 02

Drill 01後の動きをインプットするためのドリル

# ゴムバンドスイング

## 踏み込み、肩の回転、腕の伸展の各動作をチェックする

手もとが体から離れないように肩を入れ替えるイメージで体幹をひねる

踏み込み足のかかとを踏み込むまでは最初の上体の姿勢を維持する

踏み込み足のかかとを踏み込んだ後の動きを身につけるためのドリルです。

下半身が並進動作を始めても、上体が同じ形を維持することで体幹が捻転されてタメができます。

次の動作で、構えたところから素早く前足のかかとを踏み込み、グリップが体に引き寄せられます。そこから左右の肩が入れ替わり、トップハンドはパームアップ、ボトムハンドは逆シングルの使い方で腕が前方に伸びていきます。

キャッチャー側にゴムバンドを設置して行うことで、トレーニング要素が加わります。また、負荷をかけることで、動作の確認をすることができます。一つひとつの動作がしっかりできていないとぎこちない動きになってしまいます。

様々なコースや高さで練習しておきましょう。

## 手を前に伸ばす前に
## バットが返って面ができる

動画でCHECK!
URL https://www.youtube.com/watch?v=kWORz6W8Gh4

グリップを体の近くに通してバットを落としたところで、バットが反転してバットの面ができます。ここから腕が前に伸びていくのが正しいタイミングです。

腕を伸ばしたときに頭が軸足の上で軸足のひざの裏が見える位置になるのが理想

## インパクトに向けて
## 左右の肩を入れ替える
## ように腕を使う

インパクトに向けた体幹の使い方としては、手もとを体に沿わせながら左右の肩を入れ替えるイメージになります。

## ●アウトローのスイング

もっとも体から離れたインパクトになるが、グリップを体の近くを通し、上体の傾きで調整する

最初の姿勢から前足を踏み込む動作まではどのコースでも同じ形になる

# バットを持って各動作と姿勢をチェックする

ゴムバンドスイングでやった動作を、バットを持ってやってみましょう。この場合も、最初に構えたところから、①踏み込み足の並進、②肩の回転、③腕の伸展の順に各ポイントで止めながら、フォームをチェックしていきましょう。高め、真ん中、低めなど、高さによる体の使い方を覚えておくことが大切です。

## ●アウトハイのスイング

高めのボール球をイメージしてグリップを高い位置にして、スイングに縦振り要素を入れる

肩が入れ替わったところから、上体の姿勢を維持したまま腕を前方に伸ばす

真ん中を打つときよりもわき腹をつぶし、左右の肩が入れ替わるところで上体がホームベース側に大きく傾く

## ●インハイのスイング

肩からの距離がもっとも短く、窮屈な姿勢になるが、グリップを高くしてスイングする

## ●インローのスイング

左右の肩のラインがもっとも垂直に近づき、バットも立つ

**Drill 03** 実際の動作のなかで柔軟性を高めるドリル

# バランスボールスイング

*わき腹をつぶして縦にスイングする体の使い方を覚える*

体全体のバランスを整えると同時に、柔軟性を高めて動作の幅を出すためのドリルです。

バランスボールを両手で持って、スイング動作を行います。前足の股関節の前に目印（バットのウエイトなど）を置いて、低めのボールを打つイメージで上体を縦に回し、スイングの途中で目印を倒します。

頭を残しながら大きなフォロースルーを取ることが大切です。最後にボールの位置が12時超え、踏み込み足と体のラインが一直線になるところまで体を回しましょう。

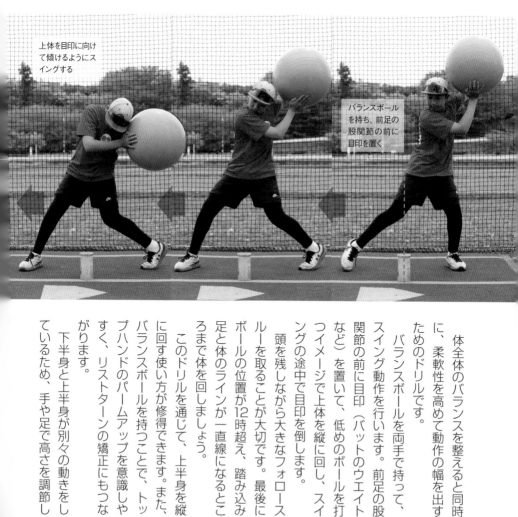

このドリルを通じて、上半身を縦に回す使い方が修得できます。また、バランスボールを持つことで、トップハンドのパームアップを意識しやすく、リストターンの矯正にもつながります。

下半身と上半身が別々の動きをしているため、手や足で高さを調節し

# 頭の位置はビハインドザボール 前足とボトムハンドが一直線に なるところまで振り抜く

バランスボールが12時の位置を越えて、頭の位置を後方に保ったまま、前足とボトムハンド（右手）が一直線になるところまで体を回しましょう。肩まわりの筋肉や胸郭の柔軟性が必要になります。

左わき腹をつぶして上体を回転させるため、かなり背中がきつい姿勢になる

前足とボトムハンドが一直線になるところまで体を回す

スイング中にトップハンド(左手)はパームアップが維持される

バランスボールで目印を倒す

ようとすると目印に届きません。上半身を倒して、縦にスイングすることが大切です。

また、正しいフィニッシュ姿勢を作るためには、肩まわりと胸郭の柔軟性が必要となります。実際の動作の中で必要とされる柔軟性を高めるためのドリルでもあります。

試合や練習前のウォーミングアップを兼ねて行うのも効果的です。

**NG** 前肩が上がる

踏み込み足を伸ばしたときに前の肩が上がってあおった姿勢になる

**動画でCHECK!**

URL https://www.youtube.com/watch?v=G2oicdUxQ_Y

Drill 04

ミートゾーンのバットの動きを身につけるドリル

# ボトムハンドドリル（座り）

*ミートゾーンでバットの面をできるだけ長くキープする*

**動画でCHECK!**

**URL** https://www.youtube.com/watch?v=8qwVdpzNzng&t=113s

スイングの前に大きなヒッチを入れてインパクトのイメージを持つ

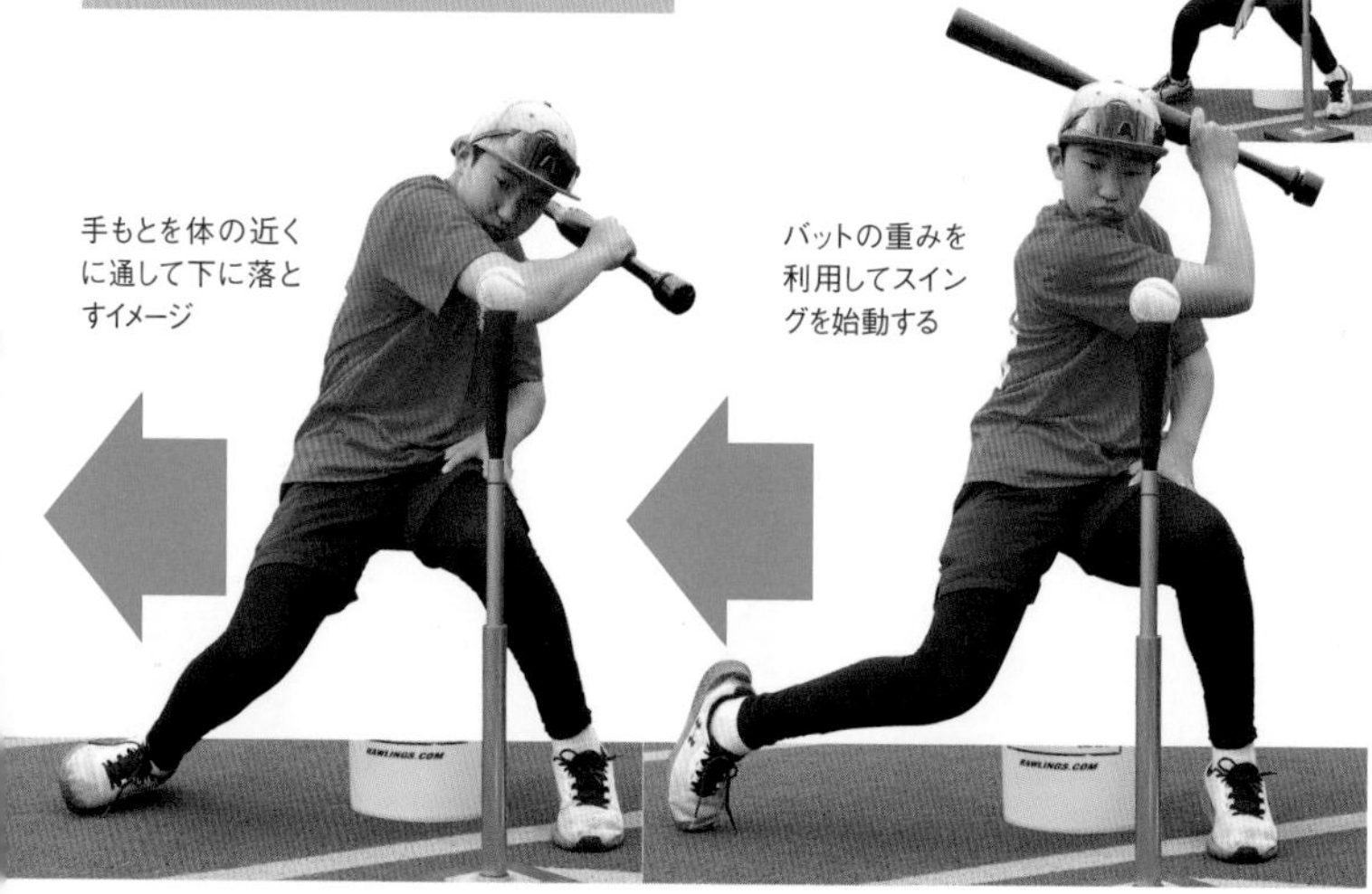

手もとを体の近くに通して下に落とすイメージ
バットの重みを利用してスイングを始動する

バットを立ててボールに当てる感覚を身につけるためのドリルです。

椅子に腰掛けてミートゾーンの前方に高めにティーをセットします。座っていると下半身が回転できないので、振り抜きをよくするためにオープンスタンスで構え、上半身はスクエアを保ちます。

そこから、短いバット（もしくはバットを短く持つ）で、縦のスイングを意識しながらボールを打ちます。高めにティーをセットしているので、実際のバットの角度は少し斜めになります。

そのまま打ち抜くと打球は外方向へのライナーになりますが、大切なのはインパクト後のバットの位置です。ボールを長く押し出すようにインパクトすることが大切です。

インパクト直後にバットが高くなるのはアッパースイングになっているということになります。

## ミートゾーンでバットを立てて使うイメージでスイングする

このドリルではボールに対してバットを縦に使うイメージを持つことが大切です。そのためには、つねにグリップ位置をボールよりも高くする必要があります。

実際は高めのボールを打つため、バットの角度が斜めになる

ボールを前に押し出すように腕を前に伸ばす

肩が入れ替わったところからボトムハンドを逆シングルに使う

## ミートゾーンでバットを押し出す距離を長くする

インパクトではボールを前に押し出すイメージを持つことが大切です。バットを押し出す距離が長くなるほど、ミートゾーンが広がります。

アッパースイングで下から打ち上げると、ミートポイントが1点だけになってしまうため、ほんの少しタイミングがズレただけでミートできなくなってしまいます。

Drill 05

Drill 04の動きをトップハンドで行うドリル

# トップハンドドリル（座り）

*リストターンを矯正してパームアップを修得する*

**動画でCHECK!**

**URL** https://www.youtube.com/watch?v=_XE410twqF8

Drill 04と同じ姿勢でスイング前に大きくヒッチを行う

頬をこするくらい近くに手を通す

バットの重みを利用してスイングを始動する

リストターンを使ったスイングに慣れている人は、トップハンドが伸びていく途中で手首が返ることが多くなります。前のポイントであればリストターンでも打てますが、少しでもポイントが深くなると打てなくなってしまいます。

深いポイントで打つためには、ミートゾーンでトップハンドをパームアップにしておく必要があります。バットを落としたところから、打つ方向に両腕が伸び切るところまでパームアップをキープしましょう。このとき、頭の位置はビハインドザボール、わき腹がつぶれて背中がかなり厳しい姿勢になります。

前の肩が開いてしまうと、リストターンしてグリップエンドが外を向いてしまいます。また、インパクト後にクリップエンドが外を向くようであれば、縦振りもレベルスイングもなく、それは「エラー動作」です。

## グリップはつねにボールより高くなる

バットの重みを使ってミートゾーンを広くとるスイングをするためには、グリップはつねにボールより高い位置にある必要があります。

グリップの位置がボールと同じ高さになってしまうと、リストターンしなければ振り抜けなくなります。また、ボールより低くなるとアッパースイングでないとボールには当たりません。

### NG 手もとがボールより低くなる

手もとがボールと同じ高さもしくはボールより低くなると、リストターンやアッパーブローでないと打てなくなる

インパクトゾーンでパームアップをキープする

## インパクト後にグリップエンドは自分に向く

バットの重みを生かしてボールを打てていれば、インパクト後にグリップエンドは自分に向きます。左右の肩が入れ替わった後のグリップエンドの向きを意識してスイングしましょう。

### NG グリップエンドが外を向く

手首を返すスイングではインパクト後にグリップエンドが外を向く

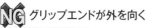

## Drill 04 & Drill 05 のポイント&注意点

# 正しいハンドワークを身につけよう!

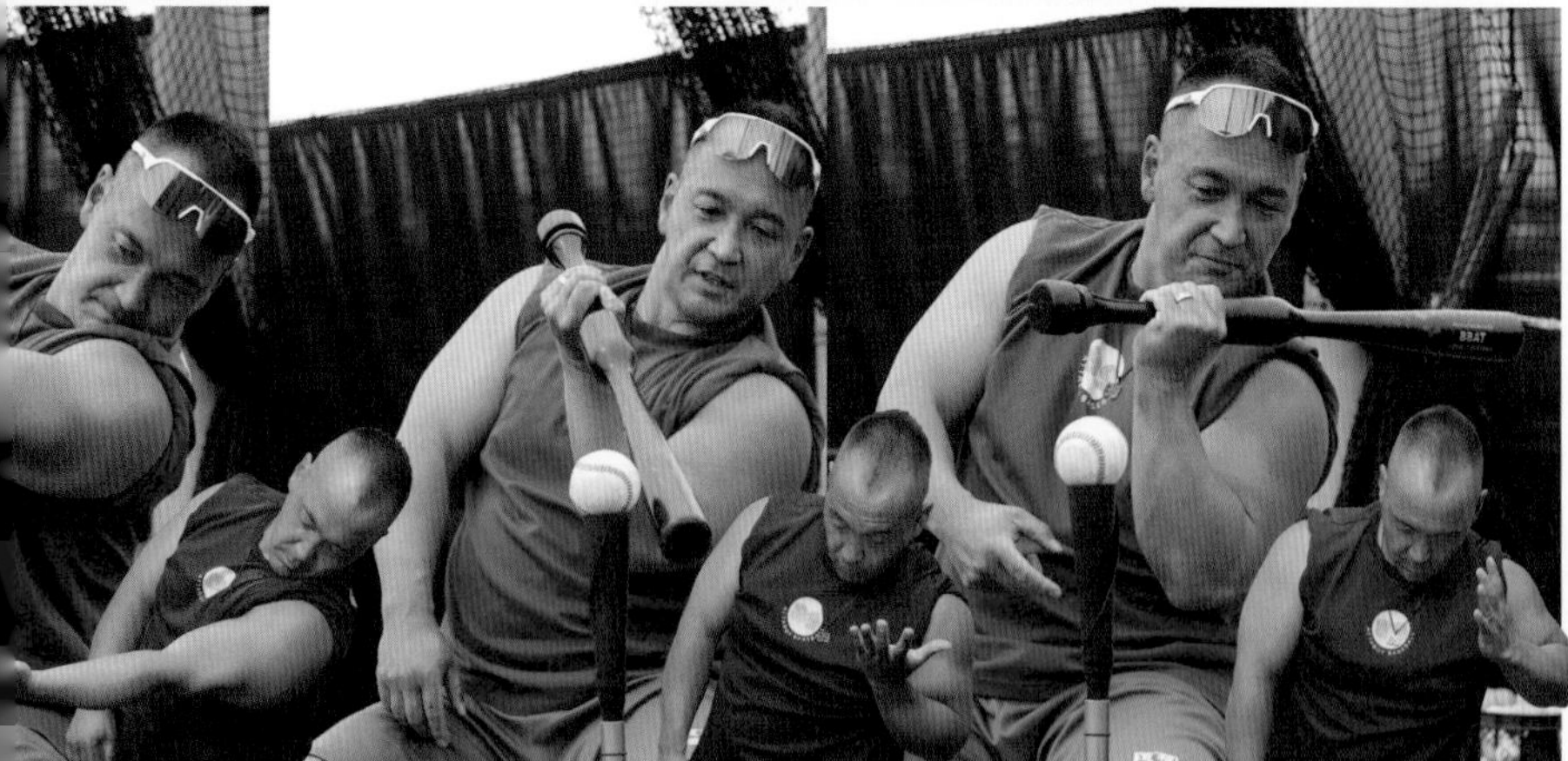

# ボトムハンドの「グッド」を早めにひっくり返すのがポイント

ティーを使った練習ではインパクト位置がわかっていますが、実戦ではどこでボールに当たるかわかりません。ミートゾーンでバットの面がキープできていれば、インパクトが前後にブレてもミートできます。

親指の「グッドの形」を早めにひっくり返して、下に向けて前に出すイメージでボトムハンドを使いましょう。

NG アッパーに振り抜く

アッパー軌道になるとトップスピンがかかって打球が上がらない

# 生み出された力を最大限に使うためにできるだけバットを長く使う

スイングでは､ひじからバットまでを一直線にしてバットを使うことが大切です。手首から先だけをバットとして扱わずに、できるだけ長い棒が動くイメージを持つことが大切です。低めのボールは肩からの長い棒を振るイメージでスイングしましょう。高めのボールに関しては、体に近くなるのでひじで管理するしかないので、ひじから下の長さになります。限られた動きの中で発揮された遠心力を最大限に使うためのハンドワークを身につけましょう。

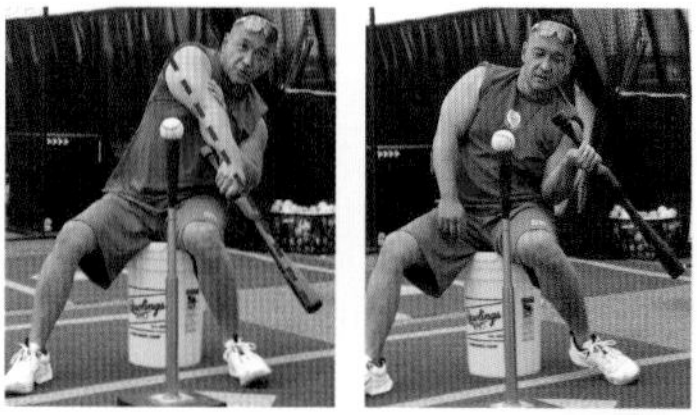

## 低めのボール

ボトムハンド側の肩からバットまでを一本の棒のように使うことで大きな遠心力が生まれる。トップハンドの前腕とバットの角度が90度以上にならないように注意する

## 高めのボール

ボールまでの距離が近くなるので、ボトムハンド側はひじからバットまでを一本の棒のように使う。トップハンドは強く握らずに前腕とバットの角度がもっとも鋭角になる

左右の肩を入れ替えた後のボトムハンドは逆シングルの形で前に押し出す

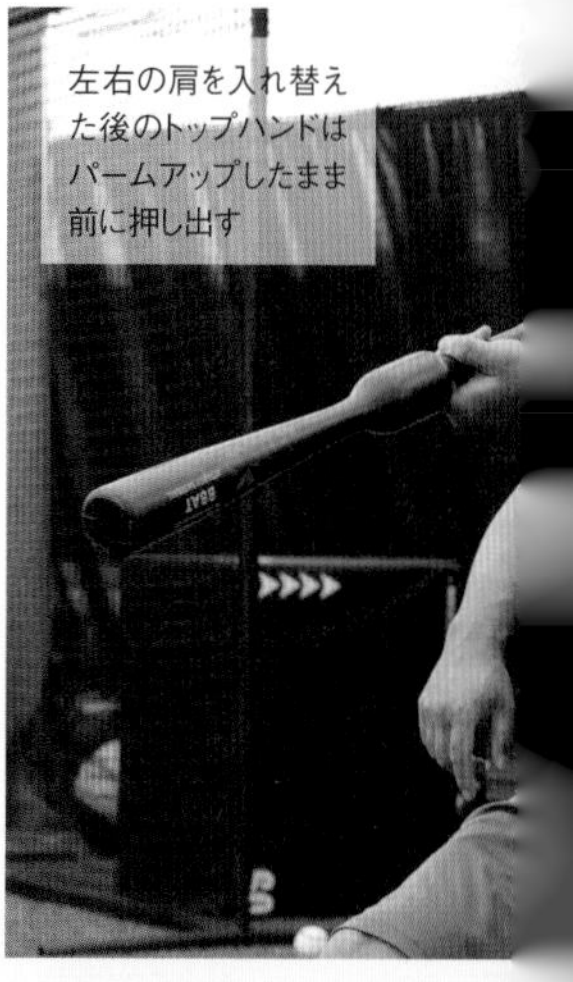

左右の肩を入れ替えた後のトップハンドはパームアップしたまま前に押し出す

Drill 06

Drill 04 & Drill 05の手の動きを同時に行う

# 両手スイング(座り)

*別々に動く左右の手の動きを合わせてスイングする*

バットの重みを利用してスイングを始動する
ティーの位置はインコース高めにセットする

ここまでに練習したトップハンドとボトムハンドの使い方を両手でバットを握ったときにもできるようにするためのドリルです。

やり方はドリル04やドリル05と同じです。インパクト後に両腕が伸びきったところがフィニッシュです。

このドリルのおもな目的は、ここまでに左右別々に練習してきた手の動きの確認です。インパクトの強さよりも、左右の腕の独立した動きに意識を置いて練習することで再現性を高めていきましょう。

ボールをミートゾーン前方にセットしているので、インパクトはボトムハンドの前腕とバットが一直線になるところです。ひじが伸び切るところまでトップハンドのパームアップをキープします。

左バッターはショート方向、右バッターはセカンド方向にライナーを打つイメージで打つといいでしょう。

## 両手でバットを持ったときの左右の手の動きを確認しよう

トップハンドとボトムハンドはそれぞれ独立した動きをします。とはいえ、バットのグリップは1本につながっているので、動きは異なってもタイミングよく連動できていなければなりません。両手でスイングして、片手ずつ行ってきた練習の手の使い方を再確認することが大切です。

バットが落ちたところでトップハンドがパームアップになる

動画でCHECK!

URL https://www.youtube.com/watch?v=hUc2M-Nq3As

## 自分なりのイメージを持って左右の動きを連動させる

動作の確認と言っても、頭で考えても左右の動きはバラバラになってしまいます。全体の動きを自分なりにイメージすることが大切です。

正しい動きができれば、そのイメージは自由です。道場に通う子どもは「カメハメ波」と表現したり、私は「体を傾けてチェストパスをする」イメージと伝えたりもしています。

Drill 07

始動から加速してミートゾーンで面を作る

# スピンバット（座り）

*手もとを前に出さずに体の近くに落とす動きを覚えよう*

ボールを肩のラインにセットし、手もとを返してクルクルと2回バットを回転させてからボールに合わせてピタッと止める動作を行う

ヘッドを下げずにミートゾーンのラインを振り抜く意識が大切

準備動作を2回したところからスイングを行う

**動画でCHECK!**

URL https://www.youtube.com/watch?v=UM-Eu2ShByY

スピンバットを使って行うドリルです。バットを2回クルクル回してボールに当たる手前でピタッと止める動作を行って、バットの面が反転しているかを確認します。

初動で作ったスピードをそのままスイングにつなげて、スイングを開始したらミートゾーンである一定のスピードを保ちます。ある1点で最速になるのではなく、後ろで面を作ってミートゾーンを長くするスイングを心がけましょう。

スピンバットでは、始動で手もとが前に出てしまうとグリップエンドがボールに当たって打てなくなります。スピンバットで練習することで、速いスピードで向かってくるボールに対して、前で捉えようとする意識をなくすことができます。

ボールを肩のラインに合わせて、スイングできる限界の高さで練習することが大切です。

ミートゾーン全体でのヘッドスピードを意識しよう

## Drill 07 のポイント&注意点

# ミートゾーンを一定の速度で長く振り抜く

ヘッドはインパクトの後に上がっていく。アッパーブローにならないように注意しよう

### NG 手もとが前に出る

手もとが前に出てしまうとグリップエンドにボールが当たってしまう

ボールを打てたとしても根もとに当たってしまう

# 手もとが前に出なければ ミートゾーンのラインを長くとれる

スイング中に左右の肩が入れ替わったところで前向きのバットの面ができ、ミートゾーンに入ります。バットを落とすときに、手もとをヘッドより高く保って体の近くに通しますが、ヘッドがボールの軌道（ライン）を通る距離を長くするほどミートの確率も高まります。

大谷翔平選手のクリケットバット練習でもわかるように、この「バットの面」の意識を持つことが重要なポイントになります。

バットの面を長く作るためのハンドワークということを忘れないようにしよう

ミートゾーンのライン上でバットの面が前を向く時間をいかに長くできるかがポイントになる

## ミートゾーンを通過するときの平均スピードを速くする

ミートゾーンでは一瞬の速いヘッドスピードを生み出すのでなく、平均スピードを高めることを意識しましょう。あるレベルまで達すると筋力に由来する要素も大きくなりますが、まずは筋力がなくてもバットの重みと体の使い方を駆使してスイングスピードを上げることが基本です。

**Drill 08**

Drill 07でやったスイングを立って行う

# スピンバット(立位)

*別々に動く左右の手の動きを合わせてスイングする*

**動画でCHECK!**

**URL** https://www.youtube.com/watch?v=mAhORM_jKUI

手もとがボールより低くならないように注意
極端に高い位置でも手もとをボールより高く上げたところからスイングを始動する

ドリル7の座ってのスイングを立って行うことで、ピッチャー方向に上体が突っ込む動きを抑制できます。体重移動でボールに圧をかける感覚をなくすことを目的としています。

片足に体重を乗せたところから、下半身と上半身のねじれをほどいて打つ感覚を身につけましょう。

オープンスタンスで立ち、コースは真ん中でティーを肩のラインに合わせてセットします。「クルクルピタッ」の準備動作をして、極端に高いボールでも手もとを高く上げたところからスイングすることが大切です。一度ヘッドを下げてからアッパーに振り上げるのはエラーです。

最初に極端に高いボールで練習して体の使い方を覚えておくことで、低くなるにつれて簡単にできるようになります。徐々にティーを低くして、全ての高さで練習しておきましょう。

# 準備動作の「クルクルピタッ」を2回してからスイングする

スピンバットを使って行うドリルでは、バットをクルクル回してピタッと止める準備動作を2回くり返してから打ちましょう。バットを止める理由は、ミートゾーンの後ろから前のポイントまでラインで高さを合わせられているかを確認するためです。

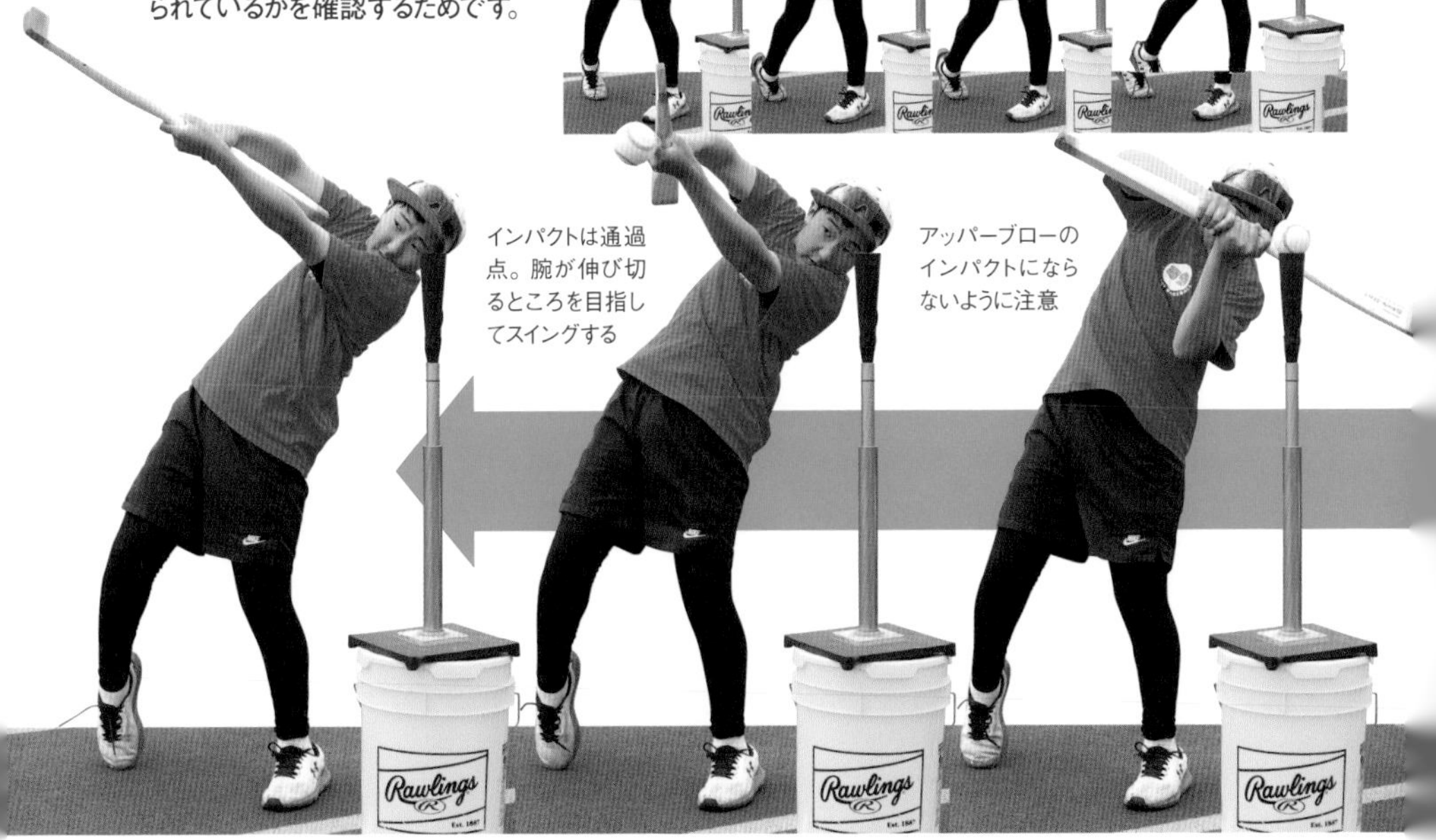

インパクトは通過点。腕が伸び切るところを目指してスイングする
アッパーブローのインパクトにならないように注意

## ●ティーの高さを徐々に低くして練習する

## Drill 08 のポイント&注意点

# 体幹の捻転でスイングする感覚を身につけよう

NG 重心移動で体をボールにぶつけにいく

前への重心移動で打ちに行くスイングだと前のポイントでしか打てなくなる

## スピンバットがない場合は長めの丸材でも練習できる

スピンバットがない場合は、ホームセンターなどで購入できる丸材などを使った素振りをやってみるといいでしょう。

バットの面の向きの確認や実際にボールを打つことはできませんが、手の使い方やラインの出し方の練習をすることは可能です。

## バックスイングでは後方のボールの頭を叩くイメージでバットを落とす

バックスイングの動きは、体の後方にあるボールを上から叩くようなイメージでバットを落とします。バックスイングでバットの重みを利用して手もとを体の近くに通すことで、体幹の捻転を使ったスイングができるようになります。このときの手もとの軌道を覚えておきましょう。

### NG 手もとが前に出る

手もとが前に出るスイングではバックスイングでボールを叩けない

Drill 09

Drill 08 のスイングで動くボールを打つ

# スピンバット（トス）

*ミートゾーン内でバットの面ができているかを確認しよう*

動画でCHECK!

URL https://www.youtube.com/shorts/CXFMozHt6f4

ドリル08で身につけたスピンバットのスイングで実際にボールを打ってみましょう。バットの強度がないため、テニスボールなどを使って練習するといいでしょう。

このドリルでは、正面からトスされたボールを打ち返します。今までのティー上の止まったボールではうまくスイングできていても、自分に向かって動いているボールになった途端に、ボールを打ちに行くスイングになってしまう人もいます。

インパクトを単なる通過点と考えて、両腕が伸び切るところまで一気に振り抜くことが大切です。ミートゾーンで面ができているかを確認し、うまくできない場合はトップハンドとボトムハンドの動きを再度チェックする必要があります。

また、様々なコースやタイミング（深さ）で打てるように練習しておきましょう。

## 「クルクルピタッ」のヒッチを入れる

スピンバットを使って行うドリルでは、バットをクルクル回してピタッと止める準備動作を2回くり返してから打ちましょう。バットを止める理由は、ミートゾーンの後ろから前のポイントまでラインで高さを合わせられているかを確認するためです。

## ●様々なコースに投げてもらって練習する

Drill 10

正しいハンドワークを定着させるためのドリル

# パームアップバットスイング

*太いグリップのバットを使用することでリストターンの動きを抑制する*

動画でCHECK!

URL https://www.youtube.com/watch?v=W6kgbuwlzec

●オープンスタンス

太いグリップの「パームアップバット」を使って、正面からハンドトスされたボールを打つ練習です。

太いグリップのバットでスイングすることでリストターンが改善され、インサイドアウト軌道のスイングができるようになります。

このドリルでは、正しいインパクトイメージを持って行うことが大切です。バットが振り上がるところでインパクトしないように注意しましょう。

最初にオープンスタンスで行い、ここまでに練習してきた体の使い方やハンドワークを確認します。慣れてきたら、スクエアスタンスで行いましょう。

最初は、スピンバット（ドリル09参照）でやった「クルクルピタッ」の準備動作をヒッチで行うといいでしょう。

# 「クルクルピタッ」のヒッチを入れる

スピンバットの準備動作で行った「クルクルピタッ」をすることで正しいハンドワークをするためのウォーミングアップになります。グリップが太いので、手でこねるような動きができないため、リストターンに慣れている人は「クルクルピタッ」のヒッチを入れて、手の動きを確認してから打つと体に馴染みやすくなります。

## ●スクエアスタンス

Drill 11

大げさなスイングをして理解度を高める

# バレルバットスイング

*アッパー軌道に見えて、大切なのはインパクトまでのダウン軌道*

バレルバットを使ってボールを打つドリルです。素振りであればウエイトリングでもいいですが、実際にボールを打ちたいのでバレルバットを使うといいでしょう。

重いバットを使用して大げさなスイングをすることで、通常のスイングではできないような大きなアーチを描くスイングを体感することができます。

さらに、実際にボールを打つときに、ボールがバットにどう当たっているかを理解することができます。

縦振りでは、一見、フォロースルーのアッパー軌道に目が行きがちですが、実際はここまでのドリルでもやってきた「ダウン軌道でボールに圧がかかるところ」までをどれだけ丁寧にできるかが大切です。

このドリルを通じて、スイングのどの部分を大事にしているかを体感することができます。

インパクト後はアッパー軌道になるが、ここまでの過程が大切

ダウンブローのところでミートゾーンに入り、そのままボールにインパクトする

重さに逆らわずに縦振りで振り抜くことが大切

動画でCHECK!
URL https://www.youtube.com/watch?v=aZ1piEdMDa8

バレルバットの重さは1.5kg前後。従来のスイングでは到底振り抜けない

体が振り回されるが、無理に止めようとするとケガの危険があるので注意

フィニッシュ後に動作を止めずにバットの重さにまかせる

バットの重みで両腕が伸び切るところがフィニッシュ。ここに目がけてスイングする

Drill 12

縦振りの正しい体の使い方が自動にできる

# ドライブラインスイング

## 重くて長いバットで体の使い方を身につける

ドライブラインを使って行うティバッティングです。ボールを投げる人は正面の4～5m離れたところから投げることが大切です。

ドライブラインは長さ37インチ(約94㎝)重さ37オンス(約1・05㎏)のバットです。リストターンを使った従来のスイングでは大人でも振れない重さですが、縦振りだと中学生でも振り抜くことができます。

バットの重さを使って落とす動作から、インサイドアウトの動きで振り抜く動作を修得するには非常に適したギアと言えます。

細かい体の使い方を考えなくても、勢いよく振り下ろせば、最後は自動的に振り上がります。バットが重いので、バットまかせにスイングすれば正しい体の使い方ができるのです。

練習では、ドライブラインで打った後に、その感覚を忘れないうちに自分のバットで打つといいでしょう。

フィニッシュではバットの重みで両腕が前方に引き伸ばされる

自動的にトップハンドはパームアップ、ボトムハンドは逆シングルの形になる

インサイドアウトの動きで爆発的なパワーを発揮できる

**動画でCHECK!**

URL https://www.youtube.com/watch?v=Y8hYoPR8CQQ

バットに振り回されて大振りにならないように手もとを体の近くに通す

バットの重さを利用してバットを落とすように始動する

1kgを超える長いバットは手ではコントロールできない

バットが地面に当たるところまで振り抜くといいだろう

両腕が伸び切った後は、片手になってかまわない

バットが重いので両腕が伸び切った後はスイングを止めずにそのまま振り抜く

# ジュニア期の筋力トレーニングはどうすればいい？

***ジュニア期は本格的な筋力トレーニングを開始する準備期間と考えよう。***

成長期の筋力トレーニングには注意が必要です。本書で紹介しているトレーニング種目や手法は、あくまでも成人を対象としたものです。

特に小中学生などのように、骨の成長が顕著な時期に高負荷のトレーニングを行うとケガにつながります。骨の成長には個人差があるため、本格的なトレーニングを開始する時期は人によって異なります。大まかな目安としては骨端線が閉じて身長の伸びが緩やかになった時期と言われていますが、個人差も大きいため、医師などに相談してから開始するといいでしょう。

とはいえ、何もするなということではありません。自分の体を操るために必要な筋力をつけておくことで、各年代なりのパフォーマンスの向上につながります。また、ケガ予防の観点からも、基本的な筋力は身につけておくべきだと考えます。

本格的な高負荷トレーニングは体の準備ができてから行うようにしよう

自重系やチューブなど比較的負荷が低いトレーニングでコンディショニングをしておく

とくに最近は、スマートフォンやゲーム機の普及で姿勢の乱れが目立ちます。姿勢が悪いと筋肉のつき方にも偏りができます。姿勢に問題がある場合は、日常生活であまり動員されていない筋肉を活性化して、姿勢を正す必要があります。

実際のトレーニングとしては、フリーウエイトを使った負荷の大きなものではなく、自重系のトレーニングやチューブなどを使って軽めの負荷で行う深層筋のトレーニング、体幹部のトレーニングなど、コンディショニングで行うような種目をやっておくといいでしょう。

栄養補給の面でも、トレーニングと同じことが言えます。プロテインなどを摂取するのは本格的なトレーニングを開始してからでいいでしょう。日ごろからバランスの良い食生活を心がけ、しっかり休養をとるようにしましょう。

# Part 4

## 最強スラッガーを目指せ!

# 最大パワーを発揮するための
# 根鈴流 筋力トレーニング

# 効果的にトレーニングを行うための3つの要素

ここでは、私が日ごろ行っているトレーニングの考え方を紹介します。一般的なトレーニングとは少し異なる点もあるかもしれませんが、これは私の選手経験と指導経験を通じて現時点でベストと考えられるバッティングに必要とされる筋力に特化したトレーニングです。

バッティングは、静止したところから一瞬で爆発的なパワーを発揮して、それをボールに伝達する動作です。そのもとになるのは地面の反力。そして、その反力を加速する動作を生み出す筋力です。つまり、最初に地面から得る反力は体重に由来するため、体重が重いほど大きな力を得ることができます。トレーニングを通じて、筋肉が成長すれば自ずと体重も増加することでしょう。

まず最初に、筋力を高めるために必要なことは、①筋肉に負荷をかけること、②十分な栄養補給、③適度な休息と睡眠です。ハードなトレーニングだけを行っても、それを筋肉の成長につなげるための栄養が不足していたり、筋肉を成長させるための休息時間が足りなかったりすると、効率よく筋力アップできなくなってしまうので、しっかり自己管理していく必要があります。日ごろの生活習慣から見直す必要があります。

もう一つ大切なのが、トレーニングを開始する前の「準備と計画」です。闇雲に毎日トレーニングを行っても、疲労が蓄積して期待する効果は得られません。トレーニングを継続できるようなプランで計画性を持って行うことが大切です。

また、ここで紹介するトレーニング方法は成人を対象としたものです。中高生のトレーニングでは負荷に注意が必要です。骨の成長が顕著な時期に高負荷のトレーニングを行うとケガにつながるので十分に注意してください。

# 筋肉の成長を促す3つの要素

## この3要素のバランスがとれていることで効率よく筋肉が成長する

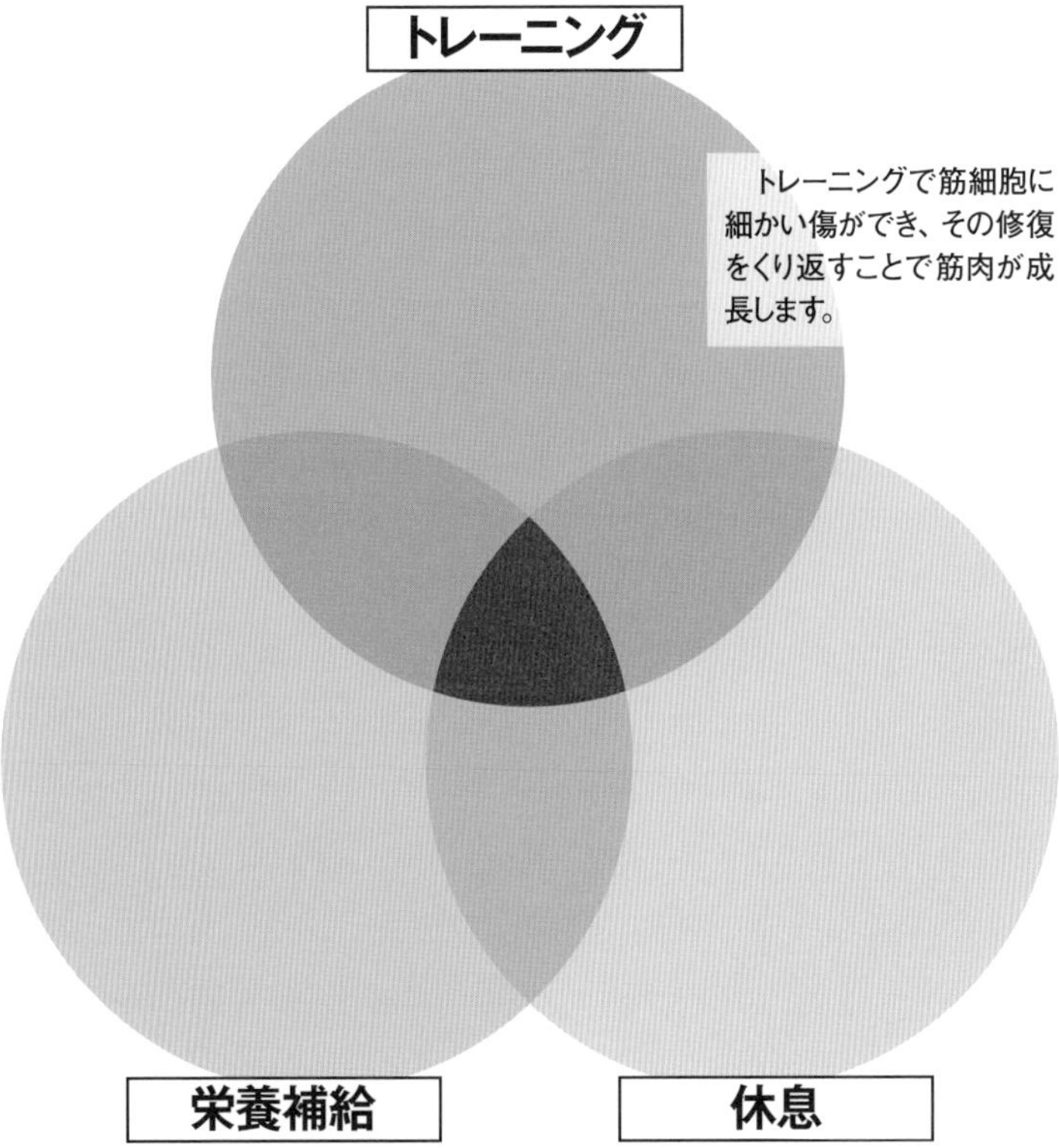
トレーニング
トレーニングで筋細胞に細かい傷ができ、その修復をくり返すことで筋肉が成長します。
栄養補給
休息

トレーニング終了から約30分以内にタンパク質を補給するのが目安です。疲労が激しい場合は糖質をプラスするのもいいでしょう。日常からバランスのいい食事摂取を心がけましょう。

成長ホルモンによって筋細胞の細かい傷が修復されます。成長ホルモンは睡眠時に多く分泌されるため、睡眠は非常に重要です。また、筋肉が疲労したままトレーニングを続けても成果につながりません。

計画を立てて記録をとることが成長につながる

# トレーニング計画を立てて記録をとることの重要性

トレーニングの目的はいくつかありますが、本書で紹介するトレーニングはケガ予防のコンディショニングや筋持久力を高めるトレーニングとは主旨が異なります。

ここで紹介するトレーニングは、瞬時に爆発的な力を発揮することに特化した筋力を強化するためのトレーニングです。そのために大切なのが、自分の限界値を高めていくことです。現時点での自分の限界を知るためにも、トレーニングを行う際はかならず記録をとるようにしてください。そして、その記録を基準に負荷を調整することが大切です（負荷の設定は125ページ参照）。

またトレーニングの頻度も重要です。日々、野球の練習をしているなかでトレーニングも行うわけなので、それを基準にトレーニングを計画していく必要があります。

私のトレーニングでは対象部位を、①下肢（下半身）、②胸部（上半身前面）、③背部（背中）の3つに分類して、かならず①→②→③の順に行います。そして、重要なのが各部位を行った翌日は休息日（レスト）をとることです（左表参照）。できるだけトレーニング時の疲労をなくしておくことで、マックスの力を発揮することを目的にしています。

また、各部位ごとにトレーニング種目の順序を決め、毎回、同じトレーニング種目を同じ順序で行うことで、適正な負荷を設定することに意味があります。具体的には各部位のところで紹介していきますが、考え方としては、メインとなる大きな筋肉からトレーニングを開始し、徐々に小さな筋肉のメニューにしていきます。

トレーニング効果はすぐに出るものではありません。すぐにメニューを変えるのでなく、半年～一年続けて数字が上がらないようであれば組み直すようにしましょう。

# トレーニング計画を立てる

まず、一週間のトレーニングの計画を決めます。ここで大切なのが休息日を入れること。下肢と背部のトレーニングでは、動員される筋肉が重なる部分が多いため、かならず下肢→胸部→背部の順に行います。その代わりに一回のトレーニングで、どれだけ強度を上げて追い込めるかが大切です。

また、トレーニング部位に関しては、曜日で考えるのでなく、その順番を崩さないようにしましょう。もし、何らかの理由でトレーニングができない日があっても、次に行うべき部位を行って記録をつけることが大切です。

一週間のトレーニング計画例

| | |
|---|---|
| 月曜 | ①下肢 |
| 火曜 | 休息日 |
| 水曜 | ②胸部 |
| 木曜 | 休息日 |
| 金曜 | ③背部 |
| 土曜 | 休息日 |
| 日曜 | 休息日 |

※トレーニングを行えない日があった場合は、曜日がズレていく

この順序を崩さない

かならず休息日を入れる

③背部の後は2日間トレーニングを行わず、次に①下肢を行うときはフレッシュな状態で行えるようにしておくことで、正しく記録がとれる

毎回かならず記録をとる

# 毎回、記録をつけることの重要性

トレーニングを行う前には、かならずノートなどを用意して、毎回記録をつけることが大切です。

まず最初に、トレーニングを開始するときには、自分に合った適正な負荷を探さなければなりません(負荷の設定は125ページ参照)。たまたま一回目で適正負荷が見つかればいいですが、疲労が重なるため、通常は数週間かかります。

適正な負荷を見つけた後も、自分の成長を見るために記録は非常に大切です。記録が順調に伸びていけば次へのモチベーションにもつながり、停滞するようであればトレーニングのやり方やメニューを見直さなければなりません。

毎回、記録をとっていくことがトレーニングの継続にもつながることを忘れないようにしましょう。

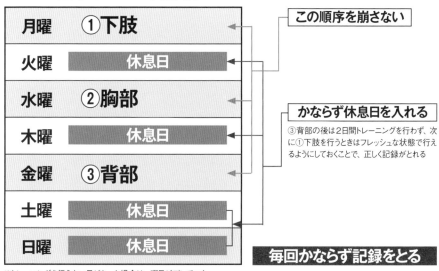

最初に大きな筋肉、徐々に末端の筋肉のトレーニングに

# 大きな筋肉から使って確実にオールアウトする

トレーニングメニューを考えるときも順番が大切です。かならずフルパワーを出し切るメイン種目を最初に行います。このとき、後半に体力を残さないようにオールアウトすることが大切です。

最初に大きな筋群を鍛える種目を行いますが、その動きの中では細かい筋群も動員されています。つまり、後半のメニューに関しては、つねに筋肉が疲労した状態で負荷を計測していることになります。

また、トレーニングでの体の動かし方にも注意してください。

広い可動域で行う「フルレンジトレーニング」では、最初にためた力を一気に爆発させ、戻すときもスッと戻します。一般的に言われている「ゆっくり戻す」ことで得られる「筋肉のエキセントリック収縮効果」は求めません。というのも、バッティング自体が瞬間的に力を爆発させる動作のため、筋肉が引き伸ばされながらパワーを発揮する局面がないからです。

もう一つの「ストロングレンジトレーニング」では、一回ごとでなく連続してパワーを発揮させます。これは、戻した反動を利用して、さらに大きなパワーを発揮させるためのトレーニングです。

どちらのトレーニングにおいても大切なのが「オールアウト」することです。各種目ごとにもうできないところまでパワーを発揮させることに意味があります。

そのためには、最初の種目を行う前に低負荷でウォームアップをしておくことが大切です。最初の種目を低負荷で行い、フォームや力の入れ方、パワーを発揮させるタイミングなどをチェックしておくことで、体や気持ちを準備しておく必要があります。2種目目以降は、すでに体が温まっているのでウォームアップセットは不要です。

## トレーニングメニューの考え方

最初にメインメニューとして大筋群で全身を使ったフルレンジトレーニングを行い、次に大筋群を使ったストロングレンジトレーニングを行います。次に徐々に小さな筋群のトレーニングに移行していきます。

最初にメインメニューを行う前には、かならずウォームアップセットを行う必要があります。ウォーミングアップをすることで、ケガ予防だけでなく、記録の向上にもつながります。

### スタートポジション（バーベルスクワット例）

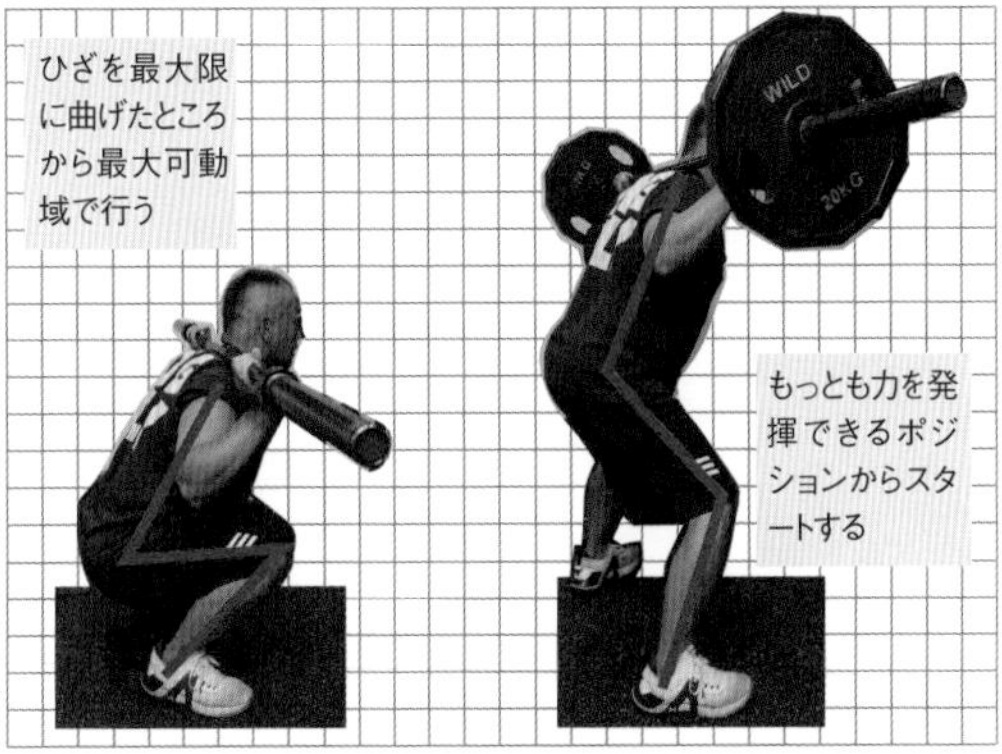


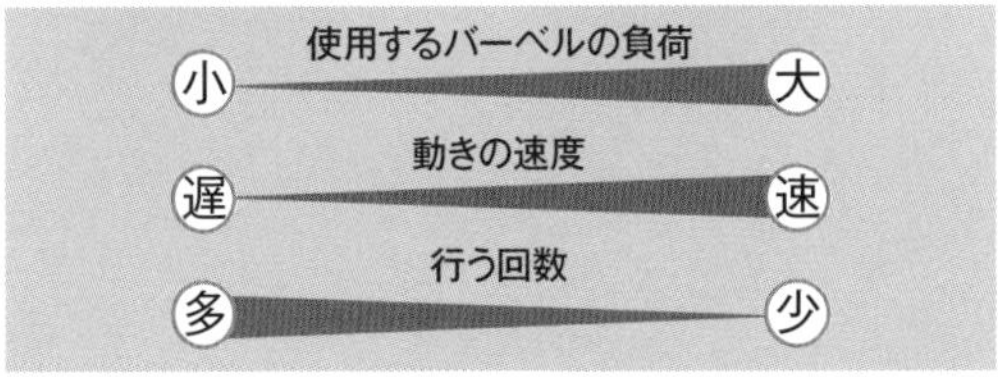


### 胸部のトレーニングメニュー例

**ウォーミングアップ**

**フルレンジベンチプレス**

フルレンジの半分以下の強度から徐々に強くしながら数回×3〜4セット

**メイントレーニング**

**①フルレンジベンチプレス**

最初にメインメニューを行う

**ストロングレンジトレーニング**

**②ストロングレンジベンチプレス**

メインメニューと同じ部位のストロングレンジトレーニングを行う

**③ディップス**

次のメニューを行う

**④ショルダープレス**

徐々に末端に近い筋肉のトレーニングに移行する

**⑤スカルクラッシャー**

最後のメニュー

## トレーニングではつねに「オールアウト」するのが鉄則

トレーニングでは、毎回、数種目のトレーニングを行います。一時間以内で終わるトレーニングですが、体の使い方としては、各種目でオールアウトすることが大切です。また、オールアウトするための負荷を設定（P.125参照）する必要があります。つまり、後半の種目に関しては、毎回、疲労後に記録しているため、フレッシュな状態よりも低い数値になりますが、毎回、同じ条件で行っていくことで成長がわかります。

つねに強度の高いトレーニングをするために

# 正しく負荷を設定してトレーニング強度を高める

トレーニングには「オーバーロードの原則」というものがあります。つねに限界で行うことで自分の限界値が高まるというものです。一言で負荷や限界値と言っても、重さ、回数、時間など様々ですが、大きなパワーを発揮する筋力を身につけるためには「重さ」にフォーカスする必要があります。人によって筋力が異なるため、負荷はレップス（ＲＭ）で設定します。

本書で紹介するトレーニングには、広い可動域で行う「フルレンジトレーニング」と、もっとも力の入るところで行う「ストロング（パーシャル）レンジトレーニング」の2種類があります。やり方を変えることでそれぞれにメリットがあるため、同じ動作の種目でも負荷設定が異なり、後者の方が大きな負荷をかけたトレーニングになります。

フルレンジトレーニングにおいて私が基準にしている負荷は7ＲＭ（レップス）です。私の経験上、これより負荷を高めると成長がわかりにくく、これより低い負荷で行うとトレーニング効果が低くなってしまいます。

限界の力で最後の7回をクリアできる重さに設定し、それをクリアできた場合は2・5kg追加して挑戦します。それもクリアできた場合、さらに2・5kg追加して行います。つまり、一日で2段階上がることがあってもかまいません。そして、翌週に同じトレーニングを行う際は、最後にクリアできたところから開始します。つねに、全ての筋力を使い切って「オールアウト」するための負荷を設定しましょう。

それとは逆に、日によっては前週にクリアできた負荷ができないこともあります。その場合は、たとえ5～6回しか上がらなくても、次の種目に移りましょう。

## 負荷の考え方と単位

負荷には、重さ、回数、時間、頻度などいくつかの要素がありますが、ここでは「重さ」のみにフォーカスします。全体のトレーニング時間は1時間以内に収めましょう。

負荷に関しては、人それぞれのため、基準とするのはレップス（RM）です。フルレンジトレーニングは7RMの負荷で行いますが、これは全ての力を出し切ってギリギリ7回できる重さということになります。7回というのは、少しでも弱気になるとやめたくなる回数ということで採用しています。

ストロングレンジトレーニングは、もっとも力の入るポジションで反動をつけて行うため、同じ種目でも、フルレンジトレーニングよりも負荷を高く設定します。反動をつけることで、筋肉が受けるダメージも考え3RMで設定します。

**負荷の単位**

**RM（レップス）**

Repetition Maximum

最大限界反復数。例えば、7RMであれば、7回反復できる最大の重さ。人によって実際の重さは異なる

## 自分の適正負荷を見つける

レップスを決めて行うトレーニングは、以下の方法で行いましょう。適正負荷は一日ではわからないため、開始から数週間は自分の限界の負荷を探すことになります。

### ①ウォームアップセット（3～4セット）

最初の種目（メインメニュー）のみ、低い負荷から徐々に上げていくように行います。例えば、普段100kgで行っている人であれば、40kg →60kg →70kg →80kgといった感じで、負荷や回数は自由です。目的は、最初にフォームや力を入れるタイミングを確認して、動きに慣れ、筋温を高めてからマックスにチャレンジすることなので、それほど回数は行わなくてもいいでしょう。2種目め以降は、すでに体が準備できているのでウォームアップは不要です。

### ②メインメニュー（7RM）

前週に行ったレップスで7回チャレンジします。その後の流れは、7回上げることができたか（make）、できなかったか（fail）で決まります。

MAKE

FAIL

### ③チャレンジセット

1.25kgプレートを2枚追加して挑戦します。上がった場合はさらに2.5kg追加してチャレンジセットを行います。上がらなかった場合は次のメニューに移行し、翌週は最後にクリアした負荷から始めます。

### ③追い込みセット

7回できなかった場合、最初の半分の負荷で追い込んでから次のメニューに移行します。最初にオールアウトしているため、3～4回しかできなくてもかまいません。翌週は最初と同じ負荷で再度行います。

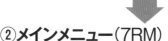

# 下肢のトレーニング

## スイングのパワーの原点となる地面からの「反力」を最大に高めるトレーニング

下肢のトレーニングでは、最初にスクワットなどで大腿部や臀部の大きな筋肉を追い込んでから、徐々に末端の筋肉にフォーカスしたトレーニングに移行していきます。

最初のスクワットでも、大腿部や臀部のトレーニングと言えども、爆発的なパワーを発揮するためには、腰部や背部の筋肉、体幹部の筋肉が動員されます。

初動は床から受ける反力を使った動作になりますが、限界の重さを上げるためには、瞬間的に全ての筋肉をタイミングよく動員させる「運動連鎖」が必要とされます。

下半身始動のパワー発揮はバッティング動作でも同じです。トレーニングを通じて、爆発的なパワー発揮と、発揮したパワーをロスなく伝えるための体の使い方を身につけましょう。

### トレーニングメニュー

**ウォーミングアップ**

ディープスクワット
（軽負荷で 3～4セット）

▼

**メイントレーニング**

①ディープスクワット

▼

**ストロングレンジトレーニング**

②ストロングレンジスクワット

▼

③レッグカール

▼

④カーフレイズ

▼

**追い込みトレーニング**

⑤エアロバイク、垂直跳びなど

メイントレーニング

# ①ディープスクワット

ハムストリングや大腿四頭筋などの大腿部の筋肉と、臀部の筋肉を中心に背中などの筋群も動員される全身を使ったトレーニングになります。

負荷
7RM

つま先を広げ、かかとが浮かないギリギリのところまでひざを曲げて下に落とす

床からの反力を得て、一気に力を発揮してひざを伸ばし、元の姿勢に戻る

# ②ストロングレンジスクワット

負荷

3RM

ディープスクワットよりひざを浅く曲げたもっとも力が入るところから行うスクワット。パワーが入りやすいところから行うため、ディープスクワットより重いウエイトを使用する

一気にパワーを爆発させ、ひざを伸ばす。連続して3回行う

## レッグプレスでもかまわない

フリーウエイトを使えない場合はレッグプレスなどのマシンを使ってもかまいません。できるだけつま先を広げて行うことで、太もも内側（内転筋群）を鍛えることができます。

つま先を外側に向けてかかとが浮かないところまでひざを深く曲げる

一気にひざを伸ばす。かかとで押すようにするとバッティングの動きに近くなる

つま先が内側に向くとひざを傷めやすい

# ③レッグカール

ハムストリングや腓腹筋など、おもに脚の背面の筋肉を鍛えるためのトレーニング。

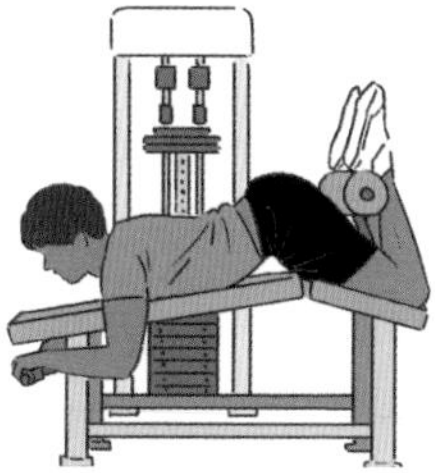

負荷
7RM

# ④カーフレイズ

ヒラメ筋や腓腹筋など、おもにふくらはぎ背面の筋肉を鍛えるためのトレーニング。

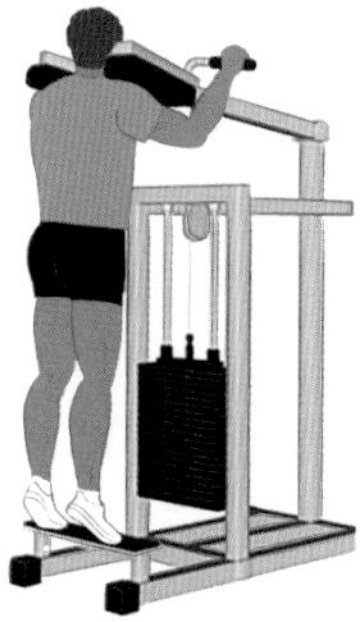

負荷
7RM

追い込みトレーニング

# ⑤エアロバイクや垂直跳び

レッグカールやカーフレイズなどのマシンがない場合は、その場でしゃがんで全力で行う垂直跳び、負荷を重くしてフルスピードで行うエアロバイクなどで追い込むこともできます。

# 胸部のトレーニング

**地面から得たパワーに上体の力を加えてさらに加速するためのトレーニング**

下肢のトレーニングを行い、休息日を入れたら、次に行うのは胸部のトレーニングです。下肢のトレーニングでは背部の筋肉にかかる負荷も大きいため、疲労の蓄積を防ぐためにも胸部を先に行う必要があります。

胸部でメインとなるのはベンチプレスです。胸や体幹部を主体としたトレーニングでオールアウトさせたところから、肩や上腕三頭筋のトレーニングに移行していきます。

高重量のベンチプレスを行うときは、姿勢やフォームに注意する必要があります。通常のベンチプレスでは、お尻を浮かさない方がいいと言われたりもしますが、ここではお尻を浮かせてもかまいません。足で地面を押さえ込む力をバーベルに伝えられるようであれば、よりバッティング動作に近いパワー発揮の練習になります。

## トレーニングメニュー

**ウォーミングアップ**

ベンチプレス（軽負荷で 3〜4セット）

▼

**メイントレーニング**

①ベンチプレス

▼

**ストロングレンジトレーニング**

②ストロングレンジベンチプレス

---

▼

③ディップス

▼

④ショルダープレス

▼

**追い込みメニュー**

⑤上腕三頭筋トレーニング

スカルクラッシャー、ナローベンチなど

メイントレーニング

# ①ベンチプレス

負荷
7RM

両ひじを左右に張らずに乳首の前あたりにバーベルを下ろす

## NG ひじが開く

ひじが左右に広がってバーベルがアゴの前あたりに下りる

肩甲骨が左右に開かないところまで、まっすぐバーベルを上げる

## NG 肩が浮く

肩が前に出るところまで上げると肩甲骨の動きが入り、主旨と異なる

## NG アゴ方向に上げる

アゴ方向に上げてしまうと腕や肩に力が入ってしまう

ストロングレンジトレーニング

# ②ストロングレンジベンチプレス

負荷

3RM

もっとも力が入る高い位置にステイをセットして、通常のベンチプレスよりもプレートを増やす

反動をつけて一気にパワーを発揮させ素早く上げ、スッとステイに落とす動作を連続してくり返す

## ベンチプレスではお尻を浮かせてもかまわない

お尻をベンチから浮かせることで、地面を踏ん張る力を上肢に伝えるようなパワー発揮ができるので、よりバッティングに近づけたトレーニングになります。

お尻を浮かせることでバーベルを押す方向は胸の前よりお腹寄りになる

下半身のトレーニング
胸部のトレーニング
背部のトレーニング

# ③ディップス

負荷
7RM

空中であぐらをかくような姿勢で上体を前に倒して体を支える。自重でできるようになったら、ベルト等にプレートを装着して負荷を調整する。ひじがロックするところまで伸ばし切らないようにする

## NG 上体が立つ

上体が立ってしまうと胸にかかる負荷が減って、上腕三頭筋のトレーニングになってしまう

上体の前傾を維持しながら、ひじが約90度に曲がるところまで下に体を落としたところから一気に力を爆発させて体を引き上げ、時間をかけずにスッと体を落とす

# ④ショルダープレス

負荷
7RM

ひじが約90度に曲がったところから、バーベルを下ろした反動と地面の反力を利用して一気にパワーを発揮して上げる

スタンスを広くとり、下ろしたときにひじが90度に曲がる間隔でバーを握る。下ろす動作をゆっくり行う必要はないが、ある程度コントロールすることが大切。雑に行うとケガにつながるので注意しよう

### NG ひじが肩より下がる

ひじが肩より下がって90度以上曲がると胸のトレーニングになってしまう

### NG 上げたところでフラつく

バーベルを上げたところで不安定になってしまう人は負荷を調整する必要がある

## できない人は背面で行う

バーベルを顔の前から上げるのが難しい人は、頭の後方から上げてもかまいません。バーベルを上げたときにフラついて安定しない人などは、重さをコントロールしやすくなります。

# ⑤上腕三頭筋トレーニング

胸や肩の筋肉を追い込んだところで、最後に上腕三頭筋のトレーニングを行います。上腕三頭筋を追い込めるメニューを決めて行いましょう。ここでは、スカルクラッシャーという種目を紹介しますが、バーベルを持つ手の間隔を狭めて、わきを締めて行うナローベンチプレスなどでもかまいません。

## ●スカルクラッシャー

負荷
7RM

ベンチにあお向けに寝て、バーベルを持った腕を垂直に上げる

額にバーベルを落とすイメージでひじの位置を変えずにひじを曲げ、一気に元の姿勢に戻す

## バーベルを頭上に下ろしてもよい

余裕のある人は、バーベルを頭上を通過させて下ろしたところから腕が垂直になるところまで戻してもいいでしょう。可動域が大きくなるぶん、強度を高めたトレーニングになります。

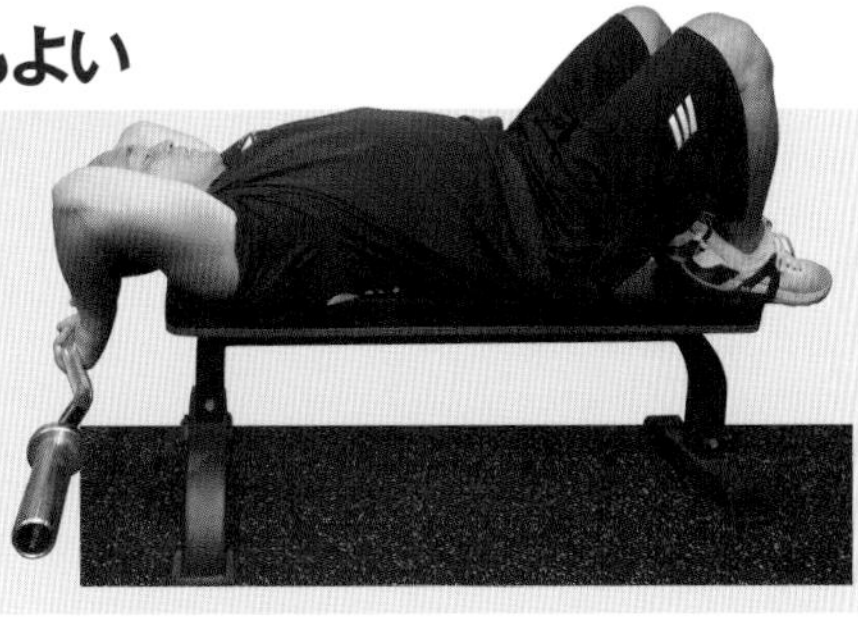

# 背部のトレーニング

## スイング中の姿勢の安定と、さらに捻転力を高めるためのトレーニング

最後に行うのが背部のトレーニングです。ここでメインとなるトレーニングは、デッドリフトやローイングです。

普通のデッドリフトであれば、下肢に加わる負荷が大きくなりますが、背中にフォーカスしたいので、スタートポジションを高くして、ストロングレンジで行うことで、ケガのリスクを軽減させながらも大きな負荷をかけられるメニューにしてあります。

これはバーベルローイングでも同じことが言えます。腕の力よりも広背筋にフォーカスするために、ストロングレンジで行うトレーニングを行います。

そして、チンニング、ワンハンドローイング、アームカールの順に、徐々に末端に近い筋肉が動員されるトレーニングを行っていきましょう。

### トレーニングメニュー

**ウォーミングアップ**

デッドリフト（軽負荷で 3〜4セット）

▼

**メイントレーニング**

①ストロングレンジデッドリフト

▼

**ストロングレンジトレーニング**

②ストロングレンジバーベルローイング

---

▼

③チンニング
（ラットプルダウン）

▼

④ワンハンドローイング

▼

**追い込みトレーニング**

⑤チューブトレーニング

▼

⑥バーベルアームカール

メイントレーニング

# ①ストロングレンジデッドリフト

負荷
7RM

正式名称は「ルーマニアンデッドリフト」。下半身や体幹の筋肉を使い、背中や臀部の筋肉を鍛えるトレーニングです。通常のデッドリフトより腰に負荷がかからないようにレストを使って高めのポジションからスタートします。

グリップを互い違いに持つことでグリップが滑りにくくなる

太ももの高さから、太もも前面を沿わせるように上体を起こす。背中の筋肉だけでなく、下半身で床を押す力を利用して、全身で一気に上げることが大切

上体が起きたところから、元の姿勢にスッと戻す。ゆっくりおろす必要はないが、乱暴にならないように注意する

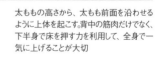

# ②ストロングレンジバーベルローイング

正式名称は「バーベルベントオーバーローイング」。背中の筋肉に大きな負荷をかけることができるトレーニングです。地面の反力を利用して、広背筋の出力と連動させることが大切です。

負荷

7RM

ひざを軽く曲げ、上体を前傾させて、ひざの上あたりでバーベルを持つ。ひじが完全に伸び切らずに肩甲骨を内側に寄せたまま行う

前傾姿勢を保ち、ひじを曲げてバーを骨盤にぶつけるようなイメージで連続して行う

# ③チンニング

ここまでの2種目がストロングレンジだったので、ここでフルレンジトレーニングもやっておく必要があります。腕を少しワイドに広げることで背中の筋肉にフォーカスしたトレーニングになります。自重でできるなら、重りをつけて負荷を高めていきましょう。

負荷

7RM

両手の幅を広めに持つことで腕力だけでは上がらなくなる

肩甲骨を内側に寄せたまま体を引き上げる。ベンチプレスと逆の動きになります。自重でできない人はラットプルダウンを行う

## できない人はラットプルダウンを行う

チンニングができない人は、代わりにラットプルダウンを行って、自重を上げられるようになったところでチンニングをやるといいでしょう。肩甲骨の位置に注意しながら行いましょう。

**負荷**
**7RM**

背すじを伸ばしてバーの両端を持つ。肩甲骨が左右に開かないように注意する

腕が曲がる前にまず肩甲骨を内側に引き寄せる

**NG** 肩甲骨が開く

腕を伸ばしたときに肩甲骨が左右に開かないように注意する

バーをアゴの下辺りまで引き寄せる

戻すときは、まず肩甲骨を戻してからひじを伸ばしていく

**NG** 肩が上がる

腕力で引き寄せようとすると肩が上がってしまう

# ④ワンハンドローイング

負荷

**7RM**

バッティングの肩の入れ替え動作に直結するトレーニングです。ダンベルで行ってもかまいませんが、ケーブルで行う方が可動域が出るので効果が高まります。

通常のローイングとは異なり、腕を限界まで前に伸ばすことが大切

腕を引くときも限界まで。肩と連動して頭を動かしてもかまわない

## ダンベルローイングでもかまわない

ケーブルのワンハンドローイングができるマシンがない場合は、ダンベルローイングを行いましょう。このときも、頭の動きを連動させることで可動域が広がります。

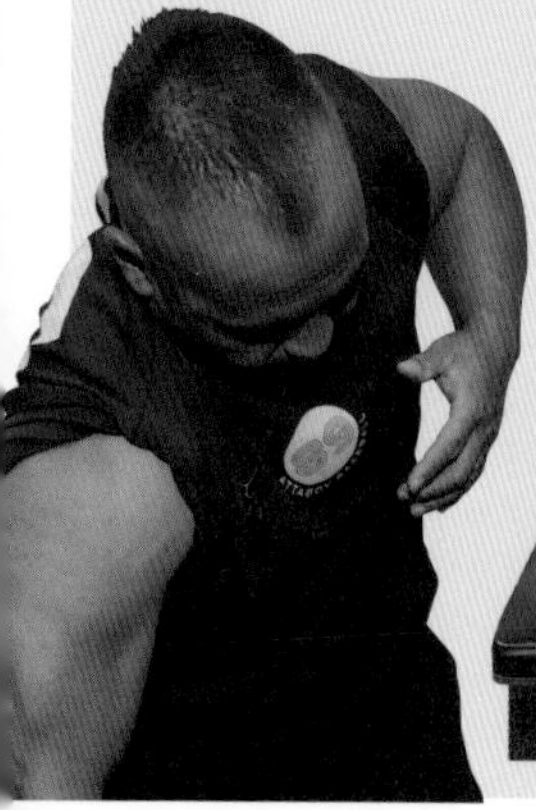

追い込みトレーニング

# ⑤チューブトレーニング各種

肩はあらゆる方向に動く関節です。背部のトレーニングを行う日に、肩の後ろ側の筋肉も鍛えておきましょう。下半身の反動を使ってもかまわないので、これ以上できなくなるところまでやっておきましょう。

# ⑥バーベルアームカール

負荷 7RM

地面からの反力を利用して行うアームカールです。地面でジャンプするようなイメージで、全身でバーベルを上げましょう。

ひざと腰を軽く曲げた姿勢でスタートする

下半身と上半身のパワー発揮を連動させる

腕だけでなく全身からパワーを発揮することが大切

NG 手首を巻く

上げたときに手首を巻き込まないように注意する

NG 手首が反る

上げるときに手首が反らないように注意する

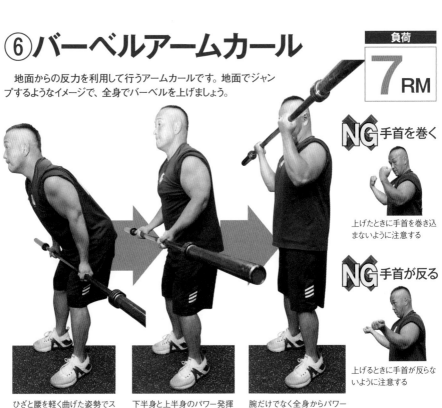

# おわりに

バッティングは自由なものです。本書で紹介しているバッティング論は、数ある正解の一つであると信じていますが、これが全てではありません。

また、バッティングはスキルのみではありません。フィジカルを強化し、ストレングスが身につくにつれて可能になる動きや感覚が身につくものです。スキルとフィジカルのどちらか一方だけでは到達できない領域があることを知っていただきたいと思います。

アメリカ人だからできる、日本人だからできない、デカいからできる、小さいからできない……すべて意味のない言葉です。限界を自ら設定せずに取り組んで欲しいと思います。

自分の意思で取り組み始め、その成果を得られるまでには2～3年かかることと思います。トレーニングに関してはもっと時間がかかります。10年先の未来をぼんやりと頭に夢描き「こうなっていたい!」という理想に向かってコツコツ積み重ねていくことが何よりも大切です。

「継続のみが力」自分を信じて頑張っていただきたいと思います。また、本書がその一助になれば光栄に思います。

## 著者プロフィール

### 根鈴 雄次
（ねれい・ゆうじ）

1973年8月9日、神奈川県横浜市出身。10代で渡米。帰国後、法政大学に進学。東京六大学野球春季リーグ戦・慶應大学戦で史上2人目の代打逆転サヨナラホームランを放つなど活躍。卒業後再度渡米し、モントリオール・エクスポズと契約。マイナーリーグからメジャー昇格を目指し、メジャー直前の3Aオタワまで昇格。その後、独立リーグ、カナダ、メキシコ、オランダのプロリーグなど各地を渡り歩いてプレー。2007年帰国、新潟アルビレックス・ベースボール・クラブに選手兼打撃コーチとして入団。その後、長崎セインツ、徳島インディゴソックスなどに在籍し、2012年チームトップの打点を記録しつつシーズン終了後に引退。引退後、2013年徳島のアシスタントコーチ。2017年、自身の野球塾「アラボーイベースボール・根鈴道場」設立。独自の打撃論でジュニアからプロまでの指導を行っている。

## モデル

### 森田 幹大（もりた・かんた）

2009年9月6日、愛知県出身。富士見高豊クラブ→豊川リトルシニア。将来、大谷翔平選手を超えるスラッガーを目指して練習中。

### 根鈴雄次氏が主催する「根鈴道場」

Instagram　X 根鈴雄次　f 根鈴雄次

根鈴道場公式ホームページ
https://www.attaboybaseball.com/

YouTube アラボチャンネル【根鈴道場】
https://www.youtube.com/channel/UCuOsksC_yy_QwAil7bCQzlA

### 制作スタッフ Staff

編　　　集：権藤海裕（Les Ateliers）
本文デザイン：LA Associates
イ ラ ス ト：村上サトル
撮　　　影：河野大輔
カバーデザイン：野口佳大

# バッティング新時代

2024年7月31日　初版第1刷発行

著　者……根鈴雄次
発行者……角竹輝紀
発行所……株式会社マイナビ出版
〒101-0003　東京都千代田区一ツ橋2-6-3 一ツ橋ビル2F
電話 0480-38-6872（注文専用ダイヤル）
03-3556-2731（販売部）
03-3556-2738（編集部）
URL　https://book.mynavi.jp/

印刷・製本……………シナノ印刷株式会社



ISBN978-4-8399-8697-1